民族民间文化在现代服装设计中的应用研究

郑依依　著

中国纺织出版社有限公司

内容提要

随着社会的不断进步，人们越来越期望在修饰与装扮方面融入更多的文化内涵。近年来，民族民间文化成为服装设计师们的重要灵感源泉，相关作品可谓层出不穷。但如何鉴别此类作品的优劣，如何才能更好地将民族民间文化元素应用到现代服装设计当中，这是当下需要探索的问题。本书主要从现代服装设计的概念与变革、民族民间风格现代服装的设计方式与程序、民族民间风格现代服装设计的创意生成、中国民族民间文化与世界民族民间文化在现代服装设计中的应用等方面展开探讨与分析。

本书适用于各大高校相关专业教师和学生，同时也可对业内人士的设计实践活动提供借鉴与参考。

图书在版编目（CIP）数据

民族民间文化在现代服装设计中的应用研究 / 郑依依著 . -- 北京 : 中国纺织出版社有限公司 , 2020.9（2023.8 重印）

ISBN 978-7-5180-7108-1

Ⅰ . ①民… Ⅱ . ①郑… Ⅲ . ①中华文化—应用—服装设计—研究 Ⅳ . ① K203 ② TS941.2

中国版本图书馆 CIP 数据核字（2020）第 002595 号

策划编辑：籍　博　　责任校对：寇晨晨　　责任印制：王艳丽

中国纺织出版社有限公司出版发行

地址：北京市朝阳区百子湾东里 A407 号楼　邮政编码：100124

销售电话：010—67004422　传真：010—87155801

http：//www.c-textilep.com

中国纺织出版社天猫旗舰店

官方微博 http：//weibo.com/2119887771

唐山玺诚印务有限公司印刷　各地新华书店经销

2020 年 9 月第 1 版　　2023 年 8 月第 3 次印刷

开本：710 × 1000　1/16　印张：13.25

字数：183 千字　定价：78.00 元

前　言

随着我国对中华民族优秀传统文化的重视度不断提高，人们逐渐意识到传统的民族民间文化是中华文化的重要组成部分，是研究我国现代社会文化和精神文明建设的重要突破口。近几年的“非遗热”更是带动了服装、文化、旅游等产业对民族民间文化的开发和利用。而要想使优秀的民族民间文化得到传承与发展，首先要走进人民群众的生活当中，考察民族民间文化的生存和发展环境、探究其与生俱来的文化功能、感受其存在的价值与意义，只有对民族民间文化有一个全方位的了解，才能够帮助其在现代社会中找到立足之地。

对于任何一门学科来说，其研究与发展的最终目的必然是将理论成果应用到现实生活当中，从而满足人们不断发展的需求，进而更好地服务人类社会。服装设计学科也是如此，面对西方服装文化的强势袭来，我国如何在接受西方服装文化的同时仍然保留本土的服装文化，如何站在国际舞台上，向全世界展示融入我国民族民间文化的现代服装，并获得国际认可，这是我国服装设计行业不可回避的问题。

本书着眼于民族民间文化在现代服装设计中的应用问题，分析了民族民间文化融入现代服装设计的基本方法与程序，探讨了民族民间风格服装的基本存在形式，并对其应用情况进行了详细的介绍。

总体来说，本书共分为六个部分，第一部分对民族民间文化的相关概念进行探究，着重分析了中国民族民间文化的民族精神、特点，并对民族民间服装进行系统介绍；第二部分是对现代服装设计的内涵解读，具体内容包括现代服装设计的相关概念、发展与变革、“现代主义”的服装革命及服装“现代性”的价值重评；第三部分研究了现代服装结合民族民间文化的设计方式与程序，具体内容包括服装设计的一般过程及知识框架、民族民间文化进入现代服装的方式、融入民族民间文化的现代服装设计程序；第四部分探讨了民族民间文化在现代服装设计中的创意生成问题，具体可分为服装创意的理论基础与生成机制、现代服装的民族原生态情结与民间艺术情结、民族风格服装的创意设计以及民间生肖文化在服装设计上的现代性转换这几点；第五部分对中国民族民间文化在现代服装设计中的应用问题进行了深入分析，具体包括民族民间服装文化的解读与借鉴和含蓄优雅的中国民族民间现代服装设计；第六部分通过对日本、法国、意大利、波西米亚这四个地区和民族的本土服装进行分析，探索世界其他民族民间文化在现代服装设计中的应用现状。

本书在撰写的过程中，请教了多位专家学者，并获得了多方的支持和帮助，在此表示真诚的感谢。此外，作者还参考了大量的相关理论研究成果，力图使本书的结构更为严谨，内容更为全面，逻辑更为清晰。书中加入了大量服装设计作品的案例，从而使论述的内容更为直观且便于理解。

希望本书能够为各大高校相关专业教师和学生的工作和学习提供些许帮助，也希望能够对业内人士的设计实践活动提供一些借鉴与参考。然而限于作者知识储备和写作水平，书中难免会有疏漏之处，欢迎广大读者能够积极地对本书进行批评和指正。

作者

2019年9月

目　录

第一章　民族民间文化探究

中国民族民间文化历史悠久、源远流长，其在现代服装设计中有十分广泛的应用。在本章内容中，我们将重点从中国民族文化与民族精神概述、中国民间文化特点、千姿百态的民族民间服装等内容入手，对民族民间文化展开详尽地论述。

第一节　中国民族文化与民族精神概述

中国文化，是指中华民族几千年来流传下来的文化。中华民族是由多民族构成的统一体，各个民族在历史进程中不断融合，构成了绚丽多彩的中华民族文化。中国文化的基本精神有“刚健有为”“守中贵和”以及“天人合一”等，在下面的内容中我们将对此进行详细介绍。

一、刚健有为

“刚健”一词，最早出现在《周易大传》当中。《彖传》中有言：“大有，其德刚健而文明，应乎天而时行。”《说卦》中有言：“乾，健也。坤，顺也。”在这句话中，健是指阳气的本性，而顺是指阴气的本性。“天行健，君子以自强不息。”天体运行，永无已时，所以将其称之为健。这里的健，包含着主动、能动和刚强不屈的含义。

此外，孟子也有“富贵不能淫，贫贱不能移，威武不能屈”的名句，这句话体现了处世的基本原则，即大丈夫应该具有独立人格，不能向外界压力屈服。

总而言之，“刚健有为”的精神为人们处理各种复杂的人际关系提供了宝贵的借鉴，这种精神在中国人的观念中一直占据着十分重要的地位。坚持独立人格的思想是刚健自强思想的又一重要表现。孟子“舍生而取义”的经典话语展现了他的高尚气节。这种不畏惧强权、顶天立地的独立的人格精神，是当代中国人奋发图强的精神动力。正是这种“刚健有为”的精神，推动了中国文化不断向前发展，具有十分深远的意义。

二、守中贵和

在中国传统文化中，“中”这一概念具有十分重要的意义。《论语·尧曰》中曾有过这样的记载，尧帝将自己的天子之位传给舜，并将自己治理天下所总结出的政治经验也一并传给舜，即“允执厥中”四字，体现出一种中正、中道的原则。在舜将天子之位传给禹的时候，同样也给了禹“允执厥中”的忠告。

孔子有言：“君子和而不同，小人同而不和。”进而提出了“中庸”的观念，中庸思想在中国文化史上产生了深远的影响。“中庸之为德”就是既不过，亦不是不及。

“和”的含义是和睦或和谐，“贵和”就是指应当“以和为贵”。“守中贵和”既是处理人际关系的重要原则，同时也是处理人际关系的最终目的。

三、天人合一

中国古人的传统哲学观可概括为“天人合一”，这是人们对待自身与自然间关系的基本态度，这一哲学理念在中国传统文学、艺术、科学等各个领域都有渗透。具体来说，中国传统价值观念中，对人与自然关系的解释主要有三种不同的观点。其一是庄子所提出的“不以人助天”“无以人灭天”的观点；其二是荀子提倡应当对自然加以改造的观点，即“大天而思之，孰与物畜而制之？从天而颂之，孰与制天命而用之？”；其三是《周易大传》中讲的“天地交泰，后以裁成天地之道，辅相天地之宜，以左右民”的思想。无论是哪一种观点，其共通之处是认为人不可“逆天而行”，人与自然只有相互协调，人类才能得到更好的发展。

人与自然并非是一种相互对立的关系，人要依靠自然才能得以生存，所以从这一层面上讲，人的本性与天道是相呼应的，也就是说，人类社会的道德原则应建立在自然规律的基础之上。庄子指出“与天为一”，《庄子·达生》篇中曾经讲道：“弃事则形不劳，遗生则精不亏，夫形全精复，与天为一。”这句话的含义是，人应当将纷繁的世事抛之脑后，甚至忘记自己的生命，从而使形体变得健全，精神变得饱满，只有这样才能进入“与天合一”的至高境界中。直到今天，“天人合一”的思想仍然在中国人的思维观念中占据着重要地位。

第二节　中国民间文化特点

民间文化，顾名思义，是指由一个民族所创造并为其自身所享用的文化。实际上，民间文化一方面指某个民族具有与其他民族文化相区别的个性特征；另一方面，由民间文化衍生出的民间传统或者是民族精神，能够对这个民族产生巨大的影响作用。

一、文化与生活相融合

民间文化产生自最真实的民间生活空间，是民间人民生活的最直接反映，其发生与传承的对象及过程就是人民群众生活的本身，而其存在的意义和作用也在于生活的本身。对于现实社会而言，民间的生活从来都不是个人独处的世界，其现实基础在于群体的共享与交流。民间文化正是建立在这一交流互动的基础之上，因而民间文化是属于集体的。从这种角度来看，民间文化的诞生和传播是社会发展的产物，是某一族群人长期生活经验的积累。如果说某一学术性观点或某种高雅的文化艺术可以是个人或某些少数人发明创造出来的，那么民间文化则完全没有这种可能性。因此，民间文化是一个族群共同的主观思维体现，也是其共同的精神需要，更是一个族群内部人们共同愿望的凝聚。

此外，民间文化同样也是自然形态意识的具体表现。具体且现实存在是民间文化最直接的特征，这一点与具有抽象性质与思辨性质的其他文化有着很大区别。例如，农耕文化的诞生就是源于农民日复一日的田间劳作，而人们的吃饭穿衣文化也是建立在人日常生理需要的基础之上的。民歌中所唱的爱情源自乡间青年男女的真情流露，而民间年画中画出的故事情节则带有教化意义。这些文化形式多表述简单直白，其中表述的内容也浅显易懂，是最接近日常生活的。

二、文化的狂欢效应

著名艺术理论家巴赫金（M.M.Bakhtin，1895—1975）在其狂欢化诗学理论中指出，民间文化的本质就是民间的狂欢节。这里所说的“狂欢”，是指一种与民间庆典活动相结合的人类文化仪式。狂欢节是所有人都可参与的一种活动，是适合民众口味并与上层文化相对的一种文化活动。狂欢节类型的广场节庆活动，某些诙谐仪式和祭祀活动，各种各样的江湖艺人，种类和数量繁多的戏仿体文学等，都呈现出一种相似的风格特征，它们都是完整的民间诙谐文化、狂欢节文化的重要组成成分。在狂欢当中，人们暂时忘记了所有的等级关系和特权，全身心地沉浸在自由的欢乐之中。民众需要这种狂欢和诙谐，在狂欢中获得精神的愉悦。

通过深入分析可得知，民间生活中之所以具有一定的狂欢性，在很大程度上源自人们对自然情绪的宣泄和对个人欲望的放纵，这在某种程度上来看是过于感性的。弗雷泽是学术界公认的人类学家，他曾专门对罗马农神节进行研究，并说道："许多民族曾经每年都有一个放肆的时间，这时法律和道德的一贯约束都抛开了，全民都纵情地寻欢作乐，黑暗的情欲得到发泄，这些在较为稳定、清醒的日常生活中，是绝对不许可的。"

事实上，对于民间百姓而言，在一些特定的场合或时间段中，这种自然欲望的宣泄与狂欢是有合理性的，但前提是出于个人真情实感的表露，且在宣泄之后能够做到适可而止，如果是受到人为因素、宗教因素或其他集权组织因素的控制，则属于不合理情况。由此看来，一个民族长久以来最基本的文化传承与生活原则体现在现实生活中就是这一民族的传统民俗，这种民俗文化是自然产生的，因此不仅不会对社会造成"破坏"，反而能够促进社会的和谐。

第三节　千姿百态的民族民间服装

民族民间服装是人类的一大创造物，是人类集体智慧的结晶。民族民间服装具备两种重要的价值，首先是使用价值，其次是审美价值，二者共同奠定了民族民间服装的重要地位。总的来说，民族民间传统服装是中国各民族人民在特定的社会历史环境与自然地域环境下，基于对特定的劳动、生活方式的感受与理解，并在适应环境、培养和追求美好和谐的精神境界的过程中逐渐形成的。民族民间服装往往能够呈现出不同地区人民的性格特征、普遍的兴趣爱好、地理环境特征与民族社会变迁与文化历史，因此传统的民族民间服装具有很高的学术研究价值（图1–3–1、图1–3–2）。

图1–3–1　苗族百鸟衣

图1–3–2　四印苗服装

一、民族民间服装的地理环境

人类在长期适应地理环境的过程中，逐渐形成了属于自己的特殊的文化形态。客观来讲，民族民间服装的本质就是文化形态的外在表现形式，而民族民间服装的最为基本的功能就是实用，它与实用价值之间是密不可分的关系。我国地域辽阔、民族众多，不同的民族所处的地理环境不同，其对服装实用功能的要求也有所不同。从这一层面来看，地理位置与自然环境情况对传统民族民间服装的基本形态与功能性特点有着决定性作用，这一点主要体现在民族民间服装最初形成的时候。与此同时，民族民间服装的发展程度也受社会生产力发展水平的影响。通常，社会生产水平越低，地理环境因素对民族民间服装的影响力就越大，随着社会生产水平的不断提高，地理环境对民族民间服装的影响力便会逐渐减弱。所以经济文化对民族民间服装日后发展的影响作用更大。

我国的鄂伦春族、赫哲族以及鄂温克族的人们，生活在气候条件较为恶劣的大小兴安岭以及黑龙江、松花江一带。这些民族的人们通常以捕猎为生，相应地，其服装也多以兽皮为主要原料，充满智慧的少数民族的人们将兽皮进行加工，制成保暖性良好的袍式服装，以便抵御严寒的气候。用兽皮制成的服装虽然具有较高的使用价值，但在审美价值上却有所欠缺（图1–3–3~图1–3–5）。

我国的哈萨克族、蒙古族、藏族等少数民族，属于草原畜牧经济文化类型，人们长期生活在草原上，以畜牧业为生，饮食上以奶制品和肉类为主，其服装多用动物的皮毛制成，具有较好的保暖性。此类少数民族普遍

图1-3-3　赫哲族服装

图1-3-4　鄂温克族服装

图1-3-5　鄂伦春族服装

具有较高的生产力，解决温饱问题已经不再是一件难事。其服装的区域性特征是与恶劣的自然气候条件相适应的：冬装多以牲禽的皮毛或者是经过加工的毛织品为主要原料；夏装则多以毛织品或棉织品为主要原料。服装以手工制成宽松肥大的袍式为主，色彩较为多样，制作工艺也较为精细，不仅注重服装的实用性，而且也较注意审美功能（图1-3-6~图1-3-8）。

我国的东乡族、维吾尔族、土族等少数民族属于农耕经济文化类型。这些少数民族的人民勤于耕种土地，通过长期耕种，他们获取了丰富的粮

图1-3-6　哈萨克族服装

图1-3-7　蒙古族服装

图1-3-8　藏族服装

食、棉花等食品以及服装原材料。这些少数民族的人们的服装区域性特征为：服装原材料多为自织、自染的棉麻土布，也有使用兽皮的。服装形式多为单薄、短小、灵活的衣裙、衣裤，式样种类繁多，且装饰造型精美，多用刺绣手法。整体看起来色彩丰富鲜艳，工艺精湛（图1-3-9~图1-3-11）。

图1-3-9　东乡族服装

图1-3-10　维吾尔族服装

图1-3-11　土族服装

地理环境能够对服装的实用性起决定作用，这一点在特定地理环境形成的特殊产业和生产方式对服装款式的影响上体现得尤为明显。生活在我国北方地区的少数民族，大多以畜牧业为生，他们喜欢穿着宽松的袍式服装，认为袍式服装十分舒适，这是与他们的生产生活习惯相适应的。例如，传统形态的蒙古靴，靴尖的部分向上翘起，靴子总体较为肥大，穿起来也很舒适。由于这些民族的人民长年骑马狩猎且多在草地上行走，这样的靴子设计便于上马和下马，且能够减少在草地上行走时的阻力。再来看袍服的设计，猎民与牧民的袍服在外观和材质等方面就完全不同。对于鄂伦春族、鄂温克族等民族来说，长年的狩猎生活要求他们的袍服必须适合在丛林中奔跑，因此他们的袍服都会在下摆处做开衩处理，但蒙古族、藏族的传统劳动方式以畜牧为主，因此他们的袍服开衩很少（图1-3-12、图1-3-13）。

图1-3-12　蒙古靴

图1-3-13　三江源藏族服装

以稻作农耕为主的南方各民族，穿着短装型衣裙裤，显然比袍式服装更适宜水田劳作，哈尼族服装便是这样（图1-3-14）。

图1-3-14　哈尼族奕车人

二、民族民间服装的文化心理

民族民间服装是人类社会历史发展的产物，民族民间服装的形成本质就是一个民族文明发展的历史记录。早在远古时期，社会生产水平低下，那时候人们的服装主要以抵御恶劣的自然环境为目的，因此民族民间服装的地域性差异和实用性特征是在满足人们基本生产生活需要的基础上诞生的，而非是某个民族社会文化上的需求，或人们思想情感的表达。此外，远古时代的人们还在服装中融入了本民族共同的精神寄托，这便是早期服装文化心理的体现。正是这种将精神意愿寄托于服装进行表达的行为，逐渐演化为服装文化的个性特征。

随着人类生产技术的发展和人类文明的进步，这些原始的服装无论从制作工艺、外形特征、功能价值还是文化艺术价值等各个方面都逐步得到了完善，并最终有了固定的形式。在民族民间服装趋于定型的过程中，一个区域的民族民间文化共同心理也逐渐成熟，因此当某一种服装所包含的文化内涵与某一民族人群的共同文化心理相符合时，这种服装便会被这一群体接受；同时，这种服装一旦在一个民族得到普及，便会反过来对这种群体的共同文化心理起到强化与维护作用。

据统计，目前我国大多数少数民族主要聚居在我国的西北、西南、东北等地。在新中国成立之前，我国各个少数民族的生产力水平普遍较为低下，且很多少数民族一直过着自给自足的小农生活。他们常年居住在远离大城市的地方，因此逐渐形成了一种“边缘文化”。尤其是在祖国边陲地区和偏远山区，这种“边缘文化”表现得尤为明显。由于生产、医疗条件相对落后，少数民族人口普遍稀少，生产方式单一、活动范围狭小，且不同少数民族间几乎没有什么沟通与交流，鲜明独特的民族民间服装正是在这样的环境下逐渐形成的。

我国古代的纳西族妇女十分勤劳，妇女们往往是“头上顶着星星出，脚上踏着月色回”在田间辛勤劳作，她们的服装因此得名“披星戴月”，简而言之就是指肩上戴着太阳和月亮，背上披着七星。与白族的服装相比，纳西族妇女的衣服颜色并不鲜艳，具有十足的乡土气息。其服装以深蓝色为主，每个人都披着一件用毛呢做成的坎肩样的物件，在背后的腰部位置装着七个圆形的饰物，这就是所谓的“七星”了（图1-3-15）。

图1-3-15　纳西族女子的“披星戴月”服装

事实上，那些身着长袍、袒露右臂的人，通常并不是生活在内蒙古草原的蒙古族人，而是长期生活在青藏高原一带的藏族人（图1-3-16）；那些穿着五颜六色的多褶长裙、头上顶着“头盖”的人们，大多数都是生活在四川凉山一带的彝族姑娘（图1-3-17）；上着短衣，下着长筒裙的，一定是生活在云南西双版纳的傣族女子（图1-3-18）。虽说都是短衣长裙，但朝鲜族女子上衣上那美丽的飘带和袍状的长裙是其他民族所没有的（图1-3-19）。

图1-3-16　藏族服装的着装状态

图1-3-17　四川凉山彝族服装

图1-3-18　傣族女子服装

图1-3-19　朝鲜族女子服装

通过对这些民族民间服装进行介绍，我们能够深切地感受到不同少数民族人们性格与文化之间存在的差异。总而言之，民族民间服装与一个民族的共同文化心理素质以及与此相适应的民族性格有着十分密切的关系。

三、民族民间服装的审美情趣

除了实用价值外，审美价值也是民族民间服装所具有的基本价值之一。自远古时期以来，民族民间服装的发展过程一直都是对人类审美思想的直接体现，也是人们在发现美、创造美的过程中诞生的产物。从中国少数民族民间服装的诞生与发展过程来看，民族民间服装同样也是对本民族思想道德观念与审美取向的客观反映。如果说各民族生活的地理位置、自然条件、生活习惯等对民族民间服装的形成发展产生了直接影响，那么一个族群的审美心理和思想观念对民族民间服装的发展则产生了间接的影响，且这种影响主要来自人们的主观思维，随着社会的进步和人们思想的开放，这种影响的强度将逐渐提升，并终将超过自然环境等客观因素。中国各民族民间服装多展现出色彩鲜艳、工艺精美、样式各异的特点来，每个民族的民间服装都能以独特的审美视角展示出与众不同的民族文化（图1–3–20、图1–3–21）。

图1–3–20　朝鲜族女子素色服装

图1–3–21　朝鲜族女子服装结构

朝鲜族女性的衣裙大多以纯白色的素服为主，在朝鲜族的文化体系中，纯白色是纯洁与高雅的象征。

蒙古族和藏族的人们，大多以畜牧业为生，他们的服装色彩丰富，尽显雍容与华贵。并且，蒙古族和藏族的服装在制作时大多选择价格较为昂贵的原材料，这些民族的人们喜欢在服装的衣领、衣襟等处添加一些装饰品。首饰喜欢以贵重、色彩艳丽的材料为主，如红珊瑚、绿松石等，并讲究粗大壮硕、数量繁多以显示其富足。

苗族的服装有“五色衣裳”的特点，苗族人喜欢在服装的领口、袖口等地方绣满花纹或是图案，并且喜欢在头部、颈部、胸口或者是手腕处戴上银饰品，这样一来，就让服装显示出一种庄重之感。苗族在服装色彩的使用和搭配上达到了很高的艺术境界。

彝族人尤其偏爱黑色和黄色，他们认为黑色是一种十分尊贵的颜色，而黄色则象征着华美。彝族人即使是穿白底的百褶裙，也一定要在上面镶上黑边，以充分显示其地位的尊贵与威严。与此同时，黄色和红色也是较常使用的颜色，衣服上的纹饰、配件，多用红色、黄色的花纹加以装饰（图1–3–22）。

图1-3-22　四川凉山布拖彝族服装色

生活在云南地区的白族崇尚白色。白族女性常常穿着白色上衣、红色坎肩或者是浅蓝色上衣配丝绒黑坎肩，她们喜欢在服装的右衽结纽处挂“三须”或者是“五须”银饰，腰间系有绣着花纹的腰带，腰带上通常用黑色的软线绣有蝴蝶、蜜蜂等花纹。白族妇女喜欢穿着蓝色的宽腿裤，并搭配绣着花纹的“百节鞋”（图1-3-23）。

图1-3-23　大理白族服装

布依族的妇女们偏好青色和蓝色，特别是生活在镇宁一带的布依族妇女们，更是对青蓝色尤为偏爱。在服装上，布依族的妇女们常常身穿大襟短衣及围裙，以青色和蓝色为主，她们的裙料则常常采用白底子、上面绣着蓝花的蜡染花布，并镶绣各式精美的彩色绲边，展示出一种朴实、清新的审美情趣（图1-3-24、图1-3-25）。

图1-3-24　布依族妇女服装

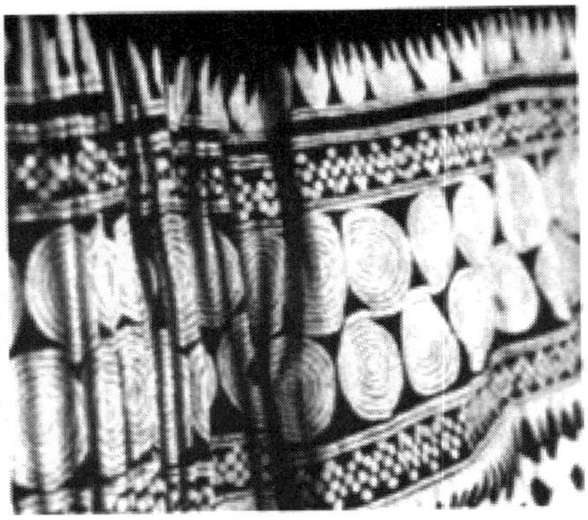

图1-3-25　布依族蜡染花布

中国的民族民间传统服装多表现出一种严格对称的形式美感，从另一方面来说，这也是原始艺术在民族民间服装上的体现。尤其是我国的许多少数民族传统服装，大多都遵循着一定的形式美原则，此外还包括对服装的装饰，如镶嵌、刺绣、流苏等。

花腰彝人是彝族的一个重要分支，该民族的女性多穿镶缀宽边的对襟上衣。这种服装不只在外观形式上是对称的，就连服装上的装饰细节，如袖口、衣襟、袍边处的花边也都完全对称，可见这种对称法则在花腰彝人服装中占据着十分重要的地位（图1-3-26、图1-3-27）。

图1-3-26　花腰彝姑娘服装（正面）

图1-3-27　花腰彝姑娘服装（背面）

哈尼族爱尼人妇女们通常喜欢用五颜六色的零碎布料来制作服装，虽然她们的服装色彩较为鲜艳，但在拼接零碎布料的时候，仍然特别注意图案和花色的严格对称，这一点是十分难得的（图1-3-28、图1-3-29）。

图1-3-28　哈尼族爱尼人妇女服装

图1-3-29　哈尼族爱尼人妇女头饰

佤族男子和德昂族妇女的服装，衣襟两侧和后背上绣的纹样也呈现出左右严格对称的基本特征（图1-3-30、图1-3-31）。

图1-3-30　佤族男子服装

图1-3-31　德昂族妇女服装

阿昌族妇女在上衣前襟上绣的花卉图案均遵循左右对称的基本法则（图1-3-32、图1-3-33）。

图1-3-32　阿昌族妇女服装

图1-3-33　阿昌族少女服装

广西龙脊红瑶妇女的上衣前襟和围裙上绣的图案和花边十分规则，呈现出左右对称的基本形态，这也是严格遵循对称法则的一种体现（图1-3-34）。

图1-3-34　龙脊红瑶妇女服装

南丹白裤瑶女性喜欢穿补绣坎肩，对襟上衣袖口和围裙上绣的图案和花边都呈现出一种左右对称的基本形式。坎肩背部的图案色彩十分鲜艳，其中腰部以上为左右对称，腰部以下为中心对称，从整体到细节，都是严格对称的（图1-3-35）。

图1-3-35　南丹白裤瑶妇女服装

无论哪个民族，女性对身形美的追求从来都没有停止过，而要达到这一目的，最有效的方式就是在服装上下功夫。例如，广西那坡县的黑衣壮族妇女就有将衣褶缠在腰部的习俗，这样的装扮能够使女性在行走时，衣褶随着胯部的运动而微微颤动，带给人一种飘逸、跳跃的美感（图1-3-36）。

图1-3-36　黑衣壮族妇女服装

景颇族女性多穿黑色的长袍，并在下身搭配黑色或红色的筒裙。每当各种节庆来临时，她们还会在上衣前后和肩上缀些许银泡或者是银片来进行装饰，并在颈上佩戴七个银项圈或者是一串银链子，有的还会佩戴各种样式的银耳坠或银戒指（图1-3-37）。

景颇族男子的传统服装则是以白色或黑色的对襟圆领衣为主，包头布上会有各式各样的花边，并点缀彩色的小绒珠，若要出远门，则还会佩带腰刀和筒帕。

图1-3-37　景颇族妇女服装

一般来说，花腰傣族的女士服装上衣都是比较短小的，上衣通常分为两件，一件是内衣，内衣是贴身穿的；另一件是外衣，外衣没有领子。内衣上有一个小立领，左衽没有袖子，整体衣长较短，领边及下摆边沿都缀有一排闪亮的细银泡，在银泡的中间还点缀着银穗。外衣没有领子也没有纽扣，长度比内衣还短，仅仅能遮住胸部，襟边和下摆边镶一条彩条或刺绣花饰，有的襟部也嵌上细银泡及银穗，袖细长及腕，袖的下半截间镶嵌着红、黄、绿、白等色的彩布或彩色丝线绣饰。由于上衣比较短，腰部常常外露，故而又用一条较宽的彩带缠腰，既可系裙，又可束腰，“花腰傣”之称由此而来（图1–3–38）。

图1–3–38　花腰傣族妇女服装

我国民间男子一直以来都是以阳刚为美，因此在服装上也有所体现。但不同民族间，男性的服装样式也各有不同。生活在我国北方的各个民族男性服装普遍比较宽大，且多为长袍，脚上常穿高筒的皮靴。尤其是以狩猎、畜牧为主要劳动方式的民族，他们还会习惯性佩带弓箭、枪支、匕首等。这种宽大的服装不仅能够满足北方人民御寒的需要，还能够展现出一种粗犷、豪放之气（图1–3–39）。相反，由于南方地区气候潮湿炎热，民间服装多短小轻薄，因而南方男性服装能够凸显出一种机敏睿智之感（图1–3–40）。

图1-3-39　北方的鄂伦春族男子服装

图1-3-40　四川凉山彝族男子服装

四、民族民间服装的人文环境

民族民间服装可以说是各民族人民物质文化与精神文化的集中展现。民间服装的形成与社会和人类文化艺术的发展是同步进行的，因此民间服装不仅与自然条件有关，更与民族历史、社会发展历史、民族文化积淀有着密不可分的联系。

要分析民族民间的服装文化，首先要充分调查与其相关的文化背景，在此基础上对民族民间服装进行剖析，这样才有可能把握民族民间服装的发展规律。此外，民族民间服装无论从结构样式、装饰纹样还是配饰选择等方面，都有一定的历史渊源或特别的意味，而这正是民族民间服装文化性的体现，他们以各式各样的形式与服装融为一体，在民族血脉延续的过程中，将民族传统的文化观念传递给后代，为后代指引方向，给以激励与鞭策。

以苗族服装为例，相传，苗族先祖在迁入贵州山区中生活之前，原本有着辉煌的历史。但他们为了躲避外族的入侵，为给子孙后代带来安宁，不惜将所有的图书典籍销毁。在族长将象征着一族辉煌历史与高贵地位的四尊大印拿出，准备将其与书文一并销毁时，一位苗族姑娘站出来对族长说："请将大印印在我的衣服上吧，这样我们苗族的魂，永远都不会失去！"后来，虽然大印早已化为灰烬，但这四个鲜红的印记却在苗族妇女的服装上延续了下来。从关于苗印的传说中，我们能够看到，民族民间服装一直以来都是记载一个族群历史的另类史书，这一点无论到任何时代都不会发生改变（图1-3-41）。

图1–3–41　四印苗妇女服装图案

藏族服装中的图案纹饰，大多都是比较抽象的几何图形或者是富于变化的线条，很少出现现实生活中的场景。之所以采用这样的纹饰，是为了表现佛教“圆通”“圆觉”的理性精神，给人一种十分神秘的感觉。

我国的回族、东乡族、保安族、撒拉族人们的服装风格比较质朴，在服装上一般没有人像的图案。而由于彝族人继承了祖先崇拜各种图腾的精神，因此这种图腾文化至今还保留在他们民族特有的服装中。例如，虎头、虎纹等装饰，其在该民族的民间服装中具有特殊的地位（图1–3–42）。

图1–3–42　彝族妇女服装

第二章　现代服装设计的内涵解读

要进行现代服装的设计活动，必须先对现代服装设计的内涵有深层次的了解。本章的主要内容包括现代服装设计的相关概念、发展与变革，“现代主义”的服装革命，服装“现代性”的价值重评。

第一节　现代服装设计的相关概念

一、服装设计定义

“设计”一词在英语中称为“Design”，诞生于20世纪初。设计所包含的内涵非常广泛，仅在艺术领域，就可将设计活动分为工业造型设计、建筑艺术设计、环境艺术设计、舞美设计、包装设计、形象设计、服装设计等多个细分领域，不同的细分类别都有其特定的设计内容和形式。

（一）服装设计定义

服装设计是以人为对象，运用恰当的设计语言，完成整个着装状态表述的创造性行为。

服装设计是功能、素材、技法三者的统一体。

功能——人的需求；

素材——由功能决定；

技法——由素材决定。

（二）现代服装设计定义

现代服装设计原则是对现代社会需求的诠释，同时也是对现代人着装状态的重新定义。现代服装设计更加注重服装的全方位作用与效果，包括服装的经济性、科学性、适用性、时代性、流行性、艺术性等。因此，现代服装的设计已经跳出了功能性设计领域，转而追求更高的文化艺术境界。那么在进行现代服装设计时，就必须通过特定的表达技法来促进穿着者及观察者间的沟通。通常，现代服装设计的表现技法可细分为服装款式设计、色彩设计、结构设计、服饰图案设计、配件设计以及与服饰有关的辅助设计等。

（三）服装设计的目的类型

1.为个人设计着装

为个人设计着装要根据穿着者的生理条件、性格爱好、穿着目的和穿着场合的需要进行构思，并以满足穿着者的生理和心理需要为目标。

2.为团体设计服装

根据不同团体的特征，可以为该团体进行专门的服装设计。通常参考团体成员的着装环境、工作性质和穿着目的等因素来进行构思。除此之外，优秀的团体服装设计还必须考虑到每位成员的生理和心理特点，深入挖掘其共性，将团体凝聚力充分体现在外在的服装上。同时，运用恰当的设计手法，协调团体与外界的关系，也是设计时不可忽视的问题。

3.为服装市场设计产品

现代服装企业中绝大多数都拥有企业自己的设计师，服装企业为设计师提供了展示才华的平台，而设计师的工作则是将自己的创意加工为作品，并通过企业的批量生产进而转化为产品。对于服装企业来说，拥有优秀的设计师无疑能够帮助其拓宽市场，因而设计是影响服装销量的重要因素。对于专为市场设计的产品而言，设计师必须要掌握市场动向，把握好受众需求，才能够获得绝大多数消费者的认可。

4.为时装展示设计作品

时装展示有商业性、生产性、学术性、文娱性等形式，并可将其分为静态展示和动态展示两大类：

（1）静态展示是指展馆、橱窗中的时装陈列。

（2）动态展示是指时装表演活动。

从本质上讲，展示型服装必须以烘托服装展示的整体效果为目的。因此此类设计要充分调动创意思维，进行大胆地设想。同时，服装的设计要围绕展示的主题来展开，并为服装搭配饰品，探讨系列关系的组合方式等。时装展示使服装设计不仅仅局限于其实用性和普遍接受性，而是极大程度地拓展了服装设计的意义与内涵，使得服装设计成为一项真正意义上的艺术活动。

二、现代艺术思潮对服装设计的影响

（一）工艺美术运动

第一届世界博览会于1851年在伦敦开幕，该博览会是现代工业时代到来的象征，在该博览会中，所有参展作品都是现代工业发展的产物，是人类的智慧和劳动成果的体现。英国政府为了迎接这场世博会的到来，特意建造了一座彰显现代文明的建筑“水晶宫”，该建筑采用钢材和玻璃建造而成，因此其具有极佳的采光效果和巨大的空间感。而这座建筑最值得称赞之处，便是其设计所展现出来的新观念。

早在19世纪中叶，随着缝纫机的问世，沃斯便在巴黎开设了第一家高级时装店，由此也推动了高级女装业（Haute Couture）的发展，这些历史都可看作是现代服装设计的前奏曲。同样在这一时期，由于工艺美术运动思潮的影响不断扩大，服装设计师的地位较从前大幅度提升，并逐渐成为世人公认的艺术家。在这一时期，沃斯专为当时的社会上流人士设计服装，因而其作品多雍容华贵且时尚前卫。此外，从沃斯的作品中我们能够看到他极其善于把握面料的属性，讲究服装结构工艺，能够通过细致的处理将女性最美的一面最大化地展现出来。从他的每件作品中都能找到他独有的风格特色，但每一件作品又都是具有个性的。

（二）新艺术运动

19世纪末20世纪初，欧洲国家逐渐兴起一种形式主义运动，该运动对服装设计领域最大的影响是大力号召服装设计师对原有的服装造型款式进行改造，这便是新艺术运动（Newart Nouveau）。新艺术运动不仅对服装设计领域产生重要影响，就连建筑、家具、产品、首饰，甚至是平面设计、书籍装帧、雕塑、绘画等领域都不同程度地吸收了相关思想。

新艺术运动不仅唤起人们对传统手工艺的兴趣，还将这些传统手工艺的内涵价值进行挖掘与升华。因此，许多服装设计师在进行新的创作时，往往选择放弃传统中浮夸烦琐的形式与装饰，并以自然纯朴的元素代替。所以这一时期的服装纹样多为花草、动物。此外，新艺术运动还大量借鉴了东方艺术特色，例如，日本浮世绘的风格特色在此时期服装中就有大量运用。

虽然新艺术运动曾风靡一时，但仍然有许多服装界学者对这种服装设计理念抱有怀疑甚至完全否定的态度。例如，法国许多高级时装设计师曾对服装的工业化批量生产及服装审美方向问题展开过激烈地讨论，但最终他们将讨论的焦点落在束缚西方女性身体的紧身胸衣上，因此这一阶段，新艺术运动在服装设计领域中最大的特点便演化为对身形曲线的追求。

（三）装饰艺术运动

在20世纪20~30年代，欧美地区又流行起装饰艺术运动，与此同时兴起的还有现代主义运动。这两种艺术思潮在相互碰撞的过程中也产生了一定程度的相互借鉴与融合，因而无论从设计的形式上还是材料的选用上，装饰艺术都散发着现代主义的气息。装饰艺术运动拒绝古典主义的、自然的、单纯手工的倾向，极力推崇机械美学，强调装饰效果，是针对“新艺术”运动风格的现代性艺术思潮。“装饰艺术”运动将传统与古典作为创意的源泉与养分，将机械化生产作为现代设计的依托，并以一种积极的时代性面貌展示在大众面前，成为在大众中十分流行的艺术风格，因而一些西方的设计理论家将“装饰艺术”运动称为“流行的现代主义”或者“大众化的现代主义”。这一时期，服装设计还大量借鉴了舞台艺术风格，并展现出“装饰艺术”运动的特色。

（四）现代主义艺术运动

现代主义艺术可被看作是一场针对传统意识的革命，它诞生于欧洲大陆，并影响甚广。不仅在哲学、心理学、美学等方面具有强大的影响力，甚至在艺术、文学、音乐、舞蹈乃至现代设计等领域，都有强烈的存在感。同样，服装业也不可避免地向工业化靠拢，传统手工制作业只能为少数社会上流人服务，而在当今社会，大众化已成为不可逆转的趋势，服装业也随之焕发新生。现代主义运动带来了更丰富的艺术风格，而现代主义的包容特性又使得这些风格并存，并促使他们相互影响。可以说现代艺术具有十分理性的结构，而这一恢弘的体系又是建立在历史的基础之上的，从塞尚到毕加索，由古典主义到现代主义，以及之后出现的现代构成主义、波普艺术、蒙德里安艺术、街头文化等艺术风格，都对服装设计产生了不同程度的影响。设计也是艺术的一个分支，因而各种艺术风格都会在设计中得以体现，现代主义时代各类艺术风格共生共存的现象也成为现代服装设计的基本理念，由此，现代服装的艺术设计理论、构成要素、形式美原理、审美情趣等也从现代艺术理念中衍生而来。我们从许多现代著名的世界时装大师的作品中，也可寻找到这些艺术理念的身影，他们一直都是指引时尚潮流方向的风向标。

第二节　现代服装设计的发展与变革

通过对现代服装的发展历史进行梳理，不难发现，近一百年来现代服装出现过的样式对当今服装设计或多或少都具有一定的影响。服装设计领域对穿着场合、穿着人群、功能区分等问题依然保持很高的关注度。反观当今的服装设计，无论从外观来看多么与众不同，深入分析后，最终都能将其归入某种现代服装形成时就已存在的基本类型当中。

一、男装的现代化进程

（一）现代男装的设计萌芽

18世纪60年代起，人类社会正式迈入现代化进程，但现代化的思想则早在14~16世纪的文艺复兴时期就已初露端倪，这一思潮经过几个世纪的孕育后，促成了科学革命和启蒙运动，欧洲工业文明由此崛起，人们的思想也在现代化进程中逐渐解放。在工业化时代中，人们劳动方式的转变使社会风气随之发生变化，因而服装设计元素也彰显出时代文明。

服装的现代化开端可追溯至17世纪欧洲出现的男子“三元套装”，即外套、马甲、马裤三种服装搭配的穿着方式。严格地说，这一时期的男子三元套装并不算是现代服装，因为今天所谓的“三件式”是外衣、衬衫、马甲的组合，但不可否认的是从这种服装上已经隐约能够看到未来服装发展的趋势。

现代社会始于18~19世纪，现代文明也正是这一时期在欧洲诞生的，因此要探索现代文明对艺术的影响，就不能绕开这一时期欧洲现代化进程，而这无疑对研究现代服装的发展有着重要意义。18世纪英国工业革命使人们的生活离不开机械产品，因而大量的服装成衣工厂在欧洲各国及美国大量出现，所以我们可将18世纪中叶~19世纪末这一时期称为服装产业发展的早期阶段。尤其对于男装来说，通过批量化生产，能够简化制作流程，提高生产效率，而制作方式的改变也使得男装的外观发生了明显变化。正如一些学者的评价，他们认为从这一时期开始，男装不仅更为简洁，而且具有一种挑衅性意味。而男装的约束要素之所以体现得如此鲜明，在很大程度上也是受到女装雕琢修饰风格的影响（图2–2–1）。

到18世纪中后期，服装的风格呈现出男女分化的趋势。进入工业时代后，社会生产力得到迅猛发展，世界经济结构也发生了巨大变化。在这一形势下，服装产业也由原来的手工制作开始向工业化生产转型。在此过程中，新的服装流行周期和审美理念诞生，而女装则最先接受这一新理念，并迅速做出一系列的变革。具体体现为，女装相对从前而言更为轻盈，服装种类逐渐增多，样式也更为灵活。但男装则继续沿袭了传统的基本样式，并放弃了繁复的巴洛克风格，以简洁大方为美，一路缓慢平稳发展。

图2-2-1　男式外套（1770~1780年，法国）

（二）源于产业革命的现代型男装

纵观世界服装发展史，许多服装样式的彻底变革多数情况下都是由某种重大社会变革引起的。而男装真正实现现代化转变的历史节点便是1789年法国大革命。在此之后，男装的发展无论从设计思想、造型手段、面料运用、制作方式，还是审美心理等方面，都发生了巨大变化（图2-2-2）。

图2-2-2　男式衬衫及女式夹克、衬裙（18世纪末期，法国）

男式套装的发展由此获得新的机遇。许多设计师借鉴了19世纪流行的实证主义和现代主义思潮，将这种思想融入男装的设计当中。男装的现代型基础形成于19世纪下半叶，这一时期设计师根据三元套装的特点，设计出了类似现代西装外套的款式，这种款式迅速风靡欧洲，曾经备受人们喜爱的骑士风格从此销声匿迹，人们更加钟爱既朴实实用，又不失绅士风范的黑色套装，即我们所说的英式套装。这种服装由上衣、庞塔龙（背心）和基莱（长裤）三件套组成，根据穿着场合及用途的不同，上衣的外形会有相应的变化。其中，上衣可分为三种：一是巴洛克上衣，这种上衣主要白天穿着，直门襟，双排扣，衣长到膝，多以黑色精纺毛织物为面料，如今的西方日间礼服就是由它演变而来；二是燕尾服，专门在晚上穿，缎面的枪驳头，前长及腰，后片呈燕尾式，这种服装就是今天西方最高规格宴会晚礼服的前身；三是外出穿着的“贝思顿”，也叫休闲夹克，我们现在称为“西服”，这种服装常在非正式场合使用，曾是下层劳动者的日常服装，后来随着服装的发展，逐渐成为一种日间常服。

（三）新古典主义立场的理论阐释

现代男装在近两个世纪以来都保持了相对稳定的形态，而在新古典主义的影响下，男装的现代化得以全面完成，相比女装领域，男装的现代化几乎早了一个世纪。在新古典主义的氛围下诞生了以英国为代表的新式男装，并对后世的男装发展产生深远影响。新古典主义的艺术风格形成于19世纪末的时代转型时期，因此新的男装样式由内而外散发着理想的古典韵味。古典风格对现代男装的影响正如同现代人对古典艺术及审美思想的继承，能够通过对古典艺术的阐述做出解释。

新古典主义的“新”是相对于17世纪以前古典艺术的审美理想而言的。古典艺术产生于公元前4世纪的古希腊。古希腊人特有的风气产生了特有的观念：他们通过对英勇的古希腊运动员和顽强的罗马斗士的观察，发现了人体的理想模型（我们今天对理想人体的观念就受其影响）。因此，雕塑成为古希腊艺术家对完美体格进行艺术创作的表现手段，雕塑的对象是各种运动过程中的裸体青年。雕塑艺术将古希腊人的生活表现得极为充分，成为古希腊的中心艺术。古希腊人认为，抽象与纯粹的形体源自人类心目中的英雄和神明，因此，古希腊雕塑对人体的认识和评定成为新古典主义的价值及思想源泉。

新型的现代男装可谓是新古典主义时期的代表服饰，其在文化内涵、审美思想等方面深刻地显示出新古典主义核心理念（图2-2-3）。一直以来，新古典美学的复兴都被学术界看作是现代设计的早期版本，这在很大程度上是因为其将传统的古典元素作为发展的基础，并对古典元素进行深度开发，因而新型现代男装能够赢得各年龄阶段男士的喜爱。

尽管如此，新古典主义风格在艺术精神上与古典主义还是有明显的时代区别的，不可能完全是古典主义的“复制”。所谓“新古典主义艺术”（Neoclassicism），是指18世纪50年代~19世纪初风靡西欧的艺术样式。所谓“古典主义”（Western Classical），通常是指与希腊、罗马的艺术或思想品质有关的潮流。它包含了完美、永恒以及希腊人对于生活的一些价值判断；强调思考的逻辑和明晰性，精神的尊严和宁静，结构的单纯和均衡，以及比例的匀称。新古典主义风格对古典主义的“复制”主要以审美理想和艺术原则的形式存在，所以，现代男装的形式感是“复制”古典主义的主要内容。

图2-2-3　新型的现代男装

二、女装的现代化进程

（一）女装现代化的缓慢发展

1.现代女装初露端倪

女装的现代化进程落后于男装，这是由于女性社会地位问题引起的。当时的女性主要负责管理家庭事务，平时很少外出，也很少参与社会事务，因而女装没有做出改变的必要。自17世纪下半叶以来，女骑装已经开始受男装传统的影响，而这一变化则归因于男女共同参加骑马逐猎活动。1800年后，女性服装的设计开始从主题思想方面尝试向男性服装靠近，但与男性服装不同的是，女性服装更加注重从花色品种方面强调女性魅力。男性现代套装诞生后，女装便展现出追随的态势，一开始只是尝试借鉴男装的现代风格，在初获成果后便开始更为大胆地吸收所有现代男装的符号。然而这一过程发展地十分缓慢，并在很长时间内，现代化女性服装与追求强烈的装饰效果的传统女装并驾齐驱，但无疑的是，从女装对男装的认同和模仿中，能够反映出女性社会地位的转变。

历史上，第一批提倡女装现代化发展的女性应该是法国大革命中理想主义的支持者与倡导者。她们认为，现代女装的发展应该向一个多世纪以前的男装发展学习，即提倡女性也穿裤装。后来美国便率先掀起了女士裤装革命。这一时期，美国对女士裤装的接受程度较高，一方面是由于美国民族本身具有极强的包容性与创新性，另一方面的原因是，女性裤装在美洲有一定的历史基础。美洲的土著居民印第安女性原本的传统服装中就有裤装，因此她们并不排斥这种穿着方式。

阿米莉娅·布鲁默（Amelia Bloomer，1818—1894）为了推动女装的变革，曾借鉴土耳其女士裤装的样式，设计出一种松垂的女士裤装，并在裤子的外面穿紧身上衣和及膝的简朴单裙。但是，布鲁默创造的样式并没有得到普及，只有少数人认可这种服装样式。到了1857年，就连布鲁默本人也放弃了这种裤装，并承认用骨架支撑的裙子也具有一定的舒适性，尽管这一时期，一些女性已经逐渐接受了“布鲁默裤”。在这段时间里，由于受到18世纪骑马运动和室外“脚踏车风潮”的影响，人们更加追求下装的活动机能，因而女性在参加此类活动时，也更希望穿男式裤装。早期的女裤款式多保留传统裙装的褶皱与花边，可被视为是男裤与女裙的重组，所以人们也将其称为“裙裤”，此外，女性的上衣也出现了改变，例如，风衣的诞生也是女装现代化革命的产物。19世纪70年代出现了这一时期最为经典的长风衣款式，即“克莱究”，这种男式外套既具有实用性，又体现出简洁大方的美感，因而备受人们喜爱。这一样式也对现代女性套装产生深刻影响，女性套装将这种样式缩小为上衣的尺寸，并将其作为夹克套装的一种组合款式，一时间在女性中广泛流传开来。

众所周知，人们对事物的认识和接受需要一定的时间。出现在19世纪70年代的现代女性套装，就是在社会变革的年代里女性在行动上涉足人类文明的进程中显现的。此前，男性作为社会活动的主要参与者把持整个社会的时代走向，而女性的生活角色仅仅是社会变革的参照，在几个世纪里迂缓平静。工业发展过程中的男性在外工作，而女性在家中主持内务才是社会认可的贤良淑德的品质，人们生活在一种女性完全附属的意识之中。

到了19世纪，随着英国关于已婚女性财产的相关法律的颁布，女性正式获得了财产继承权，从此女性的社会地位大幅度上升，她们由男性的附属品正式成为独立的个体。此后关于女权问题的探索也越来越多。在这一社会背景下，随着缝制服装的出现，越来越多的女性开始接受这种服装。其实从19世纪末期开始，女装行业已经采用了男装行业的标准和要求。从一开始的猎骑服装到那时都市女性“裁缝制作”的流行样式，这些充满现代气息的女性服装成为当时独具时代风采的社会现象。此外，在女性服装简化的过程中，还存在内衣无法被简化的外装包裹的问题，为了解决这一问题，女性内衣改革便随之展开。1881年，理性着装组织（Rational Dress Society）在伦敦正式成立，该组织十分认同布鲁默提出的服装实用主义思想，并认为紧身胸衣对女性而言既从外观上不是必要的，又对人体生理发展没有好处。因此，他们出售无骨架的裙撑，并宣扬以展示人体原本形态为美的思想。

2.模仿男装的诺福克外套

自19世纪后期以来，女装从民族社会化的简化男装中汲取大量营养，并推出了现代女装的最初样式，这种样式被称为诺福克短外套。1884年，加基作为德国斯图加特大学的生理学教授，发表了一篇关于服饰与健康问题的论文，认为毛织品服装对人体健康有着积极意义，因为动物的纯纤维具有杀菌的作用，将这类材料穿在身上，能够有效清除体内排出的毒素，并鼓励人们无论是外出还是居家，都应该穿着毛料制品。当时加基教师的这一观点引起了学术界的讨论，虽然许多学者并不认同他的理论，但这一提议却在大众中获得了极大反响。人们开始关注毛织品制成衣服后的美感，认为毛织品本身能够通过质地和成衣技术展现出简洁大方之美，并不需要通过过多华丽的装饰手法来对其进行修饰。这种审美观念可以说具有很强的现代主义特点。此外，毛织品作为英国大宗出产的商品，具有柔软、可塑性强、用途广泛等优点，于是很快便成为制作套装的固定面料。

3.否定传统的阶级差与性别差

女装的“现代化”肇始于19世纪末的“S形”时代。1895~1914年经历了女装华丽服饰的复兴，这段时间内社会上流人士对奢华生活的追求显露得十分明显。在这一时期，女装首先放弃了巴斯尔臀垫，因为臀垫限制了人的行动。此后女性的裙子不再需要被撑起，这一行为标志着女装彻底放弃古典的样式。随后又流行起一种吉布森女孩服装样式，这种样式由艺术家查尔斯·达纳·吉布森设计，具有轻便且实用的特性。到了20世纪初，随着女性自主思想的不断发展，女性对服装的要求也进一步体现出现代思想，保罗·波烈（Paul Poiret）等人在这一时期提出，女性应放弃僵硬鱼骨作支撑的紧身胸衣。从此女性的胸部得到了解放，虽然此时服装对女性身体的解放尚不完全，女性还必须束腰，但这无疑是一个良好的开端，体现了以人为本、崇尚自然的思想（图2-2-4）。

图2-2-4　1900年沃斯设计的女装和现代化的女骑装

战争进一步催生了现代女装。在第一次世界大战这样世事纷乱的时代中，女装束缚身体、装饰烦琐的重装压制不住女性自我意识的觉醒，战乱中妇女们体验了男式女服和军装的舒适与方便。这些服装中机能性、活动性的优点，促使女装继续向男性化方向发展，不久便创造出一系列舒适的、休闲的、便捷的现代轻装。重装向轻装的转变与已经现代化的男装联系在一起，自然，这种关联不是严格意义上的因果关系，但它却是普遍认同的服饰规律。

19世纪以来，新的科学技术带来了一系列变化，缝纫机的使用、化学染料的发明、成衣业的初露头角、高级时装业在法国的蓬勃兴起、现代传媒带来的服饰流行产业化等，都是现代女装产生的背景。尤其是缝制业的出现促使女装在各方面迅速向男装样式靠拢，裁缝开始制作女上衣和仿男式的女衬衫，这类生产化的女装被看作是具有男性风貌和缺乏女子气质的，这对于那些关注社会发展、受过良好教育和争得政治权利的新女性而言是理想的着装形象。

到了20世纪初，服装制作行业逐步发展成熟，女性的套装则由于其具有理性的色彩而备受推崇。女套装最初的原型是上流社会女性的一种着装，后来逐渐演变为工人阶级普遍穿着的一种样式。缝制工业的快速发展使得女套装的制作也进入批量生产阶段，因此这种服装快速得到普及。如今许多知名的服饰品牌和大企业都是在这一时期成立的，随着成衣业的迅速发展，也带动了高级时装的兴起。批量化的成衣生产，放弃了传统手工缝纫方式，采用机械缝制，并以流水线的形式成衣，生产效率大大提高，此后，社会不再需要大量女性从事繁重的服装制作工作，这在很大程度上也推动了女性的解放。

（二）女装实现现代化

1.确立现代女装的思想基础

20世纪的女装有一个总体趋势：“从传统的重装向现代的轻装、从装饰过剩向简洁朴素、从传统的女性味（柔弱的供男性欣赏的‘偶人’）向现代的女性味（经济上、政治上独立的与男性一样的职业女性）、从束缚肉体向解放肉体、从限制行动自由的正装向穿着舒适便于生活行动的休闲装方向变化。”现代女装有其产生的思想基础。它尽管被外部因素制约，但“意识形态”始终是高悬于实际行为之上的至高准则。人本主义和实用主义是两个有丰富内涵的哲学思想。前者重视个人的价值，后者重视科学的价值，二者都成为现代女装发展的向导。

每一个时代都会孕育出独有的思想观念，在19世纪末期，美国的工业社会逐渐涌现出一种“实用主义”的哲学思潮，罗素则将其称为“美国工业社会的哲学”。尤其在20世纪初，美国社会各方各面发展的势头都十分强胜，因而美国被称为当时全世界仰慕的国家，美国追求成功、崇尚奋斗的社会文化也在这一时间段对全世界人民产生强烈影响。为了保持这种蓬勃向上的状态，美国人越发觉得总结开拓和创业时期的实践经验是十分必要的，而“实用主义”哲学便是在这一背景下诞生的。该哲学思想以“人”为出发点，将人通过实践进而总结经验这一过程看得十分重要，认为人只有用行为和事后产生的效果来证明思想，才能确保某一思想的合理性与准确性。换言之，“实用主义”的实质就是科学的实践方法和人文精神的综合。而在服装设计方面，则具体表现为既注重科学、严谨的制作技法，又注重个性张扬的风格韵味。

“实用主义”领袖杜威完成了工具主义的一系列理论，他站在詹姆斯“知识是行动的工具”之立场，认为世界是一种“经验”，并提出“真理即效用”的方法论。“实用主义”哲学中的“形式服从功能”被引入到设计领域，在20世纪前半叶的建筑和服装设计上实现了一番大改造。

现代设计以解决现实问题为主，为此，女装上也应用了更科学的设计原则。对服装的功能、材料、结构、加工、规模、销售、使用等因素均开始了科学的设计构思，体现了“实用主义”中的周全考虑、统筹规划的宗旨。

如图2-2-5所示为香奈儿的时装设计。其作品尽量选择一些诸如羊毛、针织、卡其布等材料制作服装，以此保证服装穿起来更为舒适，且能够有效控制造价。在该设计中，针织衫是将一件旧毛织套衫的前片剪开，再为其搭配一条饰带；套装的设计凸显了直身外形和结构的对称性，既保证其拥有良好的穿着功能，又保证了舒适性；小黑裙的风格十分简洁大方，展现出批量化生产的标志特征；裙装多以褶裥作为主要装饰，这样的设计使得裙子内部空间增大，同时提高了裙子的遮蔽功能，为女性的大幅度腿部动作提供便利；上衣袖窿的开口较高，便于女性的抬臂动作；对于连衣裙而言，这种设计为连衣裙的多种搭配方式留有足够的余地。当女性玩马球时，可在其上随意套一件男式套衫，再在腰间扎一条腰带便可，如若希望进一步修饰，则可稍微点缀简单的饰品即可。总的来说，以简代繁是20世纪服饰发展的主题。香奈儿作为这一时期的设计师，将实用、经济、美观这三点充分展示在作品当中。其中，实用性主要体现为服装的本身功能或一些独特的附加功能；经济性则体现在选材相对廉价；美观性则是指服装外观符合人们普遍的审美。

图2-2-5　香奈儿设计作品是“实用主义”哲学的代表

（左：1927年全套日装，右：1928年三件套装）

2.以自然美取代人工美

现代女装的设计，大致分为三个高潮。第一个高潮是女装实现现代化的时期，即从第一次世界大战到1929年世界经济大危机爆发，并且多半是在炮火硝烟的战争岁月中形成的；第二个高潮是从1937年开始至1945年结束的第二次世界大战，军服式女装于第二次世界大战时得以在全球普及；第三个高潮是20世纪60年代高级成衣业崛起后的时期。随着这几个现代女装发展高潮的此起彼伏，其对今天人类衣着生活的决定性影响也随之产生。

礼服类和套装类的女装，主要是在第一、二个高潮时期酝酿成形。现代女礼服基本按场合做区分，主要有露腿的小礼服和长及脚踝甚至拖地的大礼服。大礼服包括婚礼服和晚礼服（参加隆重社交场合或正式晚宴时穿）两种；小礼服除正式的日礼服（白天参加婚礼、毕业等庆祝活动时穿）和宴会服外，还有长于变幻的鸡尾酒会服和黑色简略的丧服。更简化的小礼裙还可与日常连衣裙互换，界限已变得十分模糊。现代的女礼服主要是以20世纪20~30年代出现的样式为原型。

大礼服的基本形态多借鉴古典服饰。通常上半部分的胸部和背部露出较多，而腰部及以下的部分则遮蔽的十分严密。这种礼服看起来十分端庄，具有很强的仪式性和礼仪性。大礼服的穿着讲究身份和传统，在欧美服装体系中，大礼服具有最高的地位，是隆重与正式的象征。因此，虽然服装的现代化进程推动了服装设计风格的整体变化，但大礼服的形制和元素则更多保留传统和其本身具有的文化意味。维奥耐设计的古希腊女神式长礼裙，选用绉纱和绸缎作为材料，将绉纱的朦胧浪漫之美与绸缎的优雅精致之美相结合，表现出地道的古典风格。通过分析这些著名设计师的作品，能够发现，这一时期的服装设计其实是古典主义的延伸。虽然是对古典风格的一种继承，但他们却都放弃了繁复的制作程序和复杂的穿着方法，并完全摒弃了束身工具和那些精美绝伦的装饰，更加强调服装设计的实用性。

小礼服样式在第一次世界大战以前是前所未有的，它以小黑裙为开端。迪迪埃·吕多（Didier Ludot）[1]在《小黑裙》一书中写道：“没有小黑裙的女人就没有未来。”这种说法虽然有失偏颇，但小黑裙开创了现代礼服先河之意义的确非同一般。小黑裙最早出自香奈儿之手，诞生伊始，它因样式简

---

[1] 迪迪埃·吕多：当今巴黎时装界独树一帜的时尚元老，对怀旧情有独钟。他在巴黎皇宫边开设了一家古董设计作品店，专卖他的藏品。其中包括香奈儿、薇欧奈、格蕾夫人、迪奥、圣罗兰、巴黎世家的真品。他也对收藏当代设计师的作品很感兴趣，例如，他曾购买过亚历山大·麦昆和尼古拉·盖斯奇埃尔没有公布的样品。最值得一提的是，他非常喜欢“小黑裙”。1999年，他开设了一家专卖小黑裙的店，叫Little Black Dress，售卖香奈儿著名的20世纪20年代小黑裙。该店还开设在纽约的第五大道(Fifth Avenue)、伦敦的丹佛街(Doverstreet Market)和米兰的科索·科莫(10 Corsc Como)等地。2001年，他出版了《小黑裙》(*The Little Black Dress*)一书。

单，被保罗·波烈讽刺为“营养不良”。但是，用今天的眼光来看，小黑裙堪称女装中的经典，理由是：它摆脱了礼服那种正统、高端的刻板形象，长度仅至膝盖，款式简洁，廓型带着几分帅气的纤细，所需的配饰也很少。小黑裙似乎“适合所有人和所有场合”，说它是现代礼服的代表也不为过。在现代时装史的各个时代里，小黑裙都被设计大师反复地进行演绎，他们进一步更新了经典小黑裙的面貌。时至今日，小礼服借其简单随意的着装技巧常用于大量的社交场合，既呈现仪表又不过分隆重，女性对它的依赖和需求更是空前（图2-2-6）。

“套装类”即我们平时所说的“西服类”，这种服装最早源自军服，后来民间依照军服的样式，设计出适于日常穿着的套装。这种套装可分为上下两部分，其中，上衣的形式基本与19世纪50年代的男上衣相同，即一种直摆门襟，翻领驳头，三开身的设计。这种套装最开始呈现出“男式女服”的特点；在第一次世界大战和第二次世界大战时，则更多地体现出军服式特点；后来随着这种服装在全球范围内普及，才逐渐形成今天的形式。尤其在战乱中，人们更能够感受到服装符合人体机能的重要性，因此在两次世界大战期间，女性服装设计更注重的是穿着的便利性，而男式服装在穿着便利方面具有绝对的优势，因此女式服装呈现出男性化的特征。20世纪20年代是女装现代化进程中一个重要时期，第二次世界大战又一次使极富男性味的军服式女装在大范围内普及。套装之所以普及，主要还不是因为它适应战争的实用性，而是那些规范、简洁、抽象、整齐的现代视觉要素，塑造了理想的职业女性形象，使女性的职场穿衣基调就此确立下来（图2-2-7）。

图2-2-6 现代趣味的小礼服

（左：波尔·波阿莱1920年作品，中：简·朗万1920~1924年作品，右：玛德琳·维奥耐1929年作品）

图2-2-7　现代女性职场着装基调

（左：John Redfern 1915年作品，中：简・朗万1940～1944年作品，右：乔治・阿玛尼1985～1989年作品）

从组合形式来看，套装类分为两种：上下搭配完全同质同材的套装和上下不同面料或不同款式搭配设计的组合装。其中，还分为与裤子搭配的裤套装和与裙子搭配的裙套装。20世纪20年代的现代套装主要是香奈儿套装和夫拉帕套装。香奈儿的编织衫套装Jersevsuit，采用舒适宽松的平针针织布，去掉了梭织布料的紧绷感，减轻了穿着负担，开创性地将“运动式设计”与高雅精致的套装结合在一起，以实用为先。夫拉帕套装更强调H形的直身效果，着重表现中性气质。爱德华・亨利・莫里奴的“软料套装”非常有名，如用印花绸制作的普利兹褶裙男式女套装。他还首创在驳头上挖扣眼用以插花的装饰方法。尽管这些套装的设计语言各不相同，但整体上与现代社会的秩序化相观照，因而成为女性理想的着装载体。从此，套装被固定在现代女性的衣着生活中。

3.以机能性取代装饰性

以机能性取代装饰性的女装类型包括“运动装类”和“便服类”，这也是在第一个高潮期成型的。在此之前，女性很少运动，更没有为专项运动而设计的服装。19世纪后半叶，女性开始参加体育运动，虽然还没有出现特定的运动装，但所穿的衣服已经开始有了界定。例如，打曲棍球和网球时，常穿灯笼裤、长筒袜和靴子，还必须戴帽子。但其上半身还被紧身胸衣束缚着，所以运动时仍极不方便。

从20世纪上半叶开始，一股运动装潮流在女性中流传开来，尤其对专业运动而言，诸如网球服、滑雪服、高尔夫球服、骑马服、溜冰服、猎装、游泳衣等都是在这一时期正式定型，因而这一时期也被看作是女性运动装发展的黄金时期（图2-2-8）。

图2-2-8　有活动性的早期运动装

（左：1930年滑雪服，右：1927年泳装照）

运动装有一个基本宗旨，即从活动机能出发。20世纪20年代温布尔登网球公开赛期间，选手苏珊·朗格伦（Suzanne Lenglen）一身短袖衫和过膝百褶裙的轻便网球服，没穿束胸，露出小腿和手臂，这身装束很富有机能性，帮助她蝉联了冠军。后来网球服更加短俏，整个装束为白色上衣与超短裙组合；上下组合的裤套装、皮靴、手套、帽子都是滑雪服不可缺少的专业配备，以保暖、防风雪、耐寒、减少风的阻力等机能性为原则，不具有女性特点是滑雪服的一大特色；练功服是芭蕾舞、杂技、体操、健美运动时穿的紧身弹力服装。在20世纪20年代出现了紧凑干练的简洁样式，现在广泛使用的就是这个样式；溜冰服与网球服一样，都是开领短袖衫和超短裙的组合，但冰上运动还需考虑季节性；游泳衣在第一次世界大战前，仍是半袖、长裙、长裤的组合。美国在1920年流行起一种弹性十分好的罗纹组织的单件套羊毛织物泳装，这种泳衣可被看作第一代现代女性泳衣，并开启了现代泳衣创意发展的先河。一开始，设计师只是尝试设计无袖泳衣，后来逐渐设计出裸背泳衣，而下身也从平口四角裤逐渐发展为三角短裤，甚至诞生了被称为“世界上最小的泳衣”的比基尼。由于各式各样的泳衣相继问世，人们对游泳运动的兴趣愈加浓厚，进而带动了海滩度假等休闲娱乐活动的发展。而这种休闲活动的普及又带动了沙滩装的发展。当时最典型的沙滩装就是裸背的裙装外披一条披肩，再佩戴一顶松软的帽子。而沙滩裤则是一种臀部较瘦，小腿处设计有三角片，使裤脚呈喇叭形的裤装，在当时也十分流行。那个时代，人们热衷于通过骑猎活动进行社交，因此一种女式骑跨式马裤逐渐兴起，并代替了原先的骑马裙装。以上这些女性运动类服装虽然同现在的此类服装相比，尚有许多不完美之处，但对于那个时代来说，无疑是一种大胆的尝试。

借用现代术语来说，“便服类”也称“休闲类”，是平日里常穿的服装，也包括旅行服装和室内服装。它明显比礼服受到的约束小，所以形式多样，有多种用途，是使用率最高的服装。在今天的日常生活中，便服包括夹克、西服上衣、马甲、衬衫、毛衣、T恤衫、斗篷等上衣，还有裤子、裙子等下装，以及上下一体的大衣、连衣裙等。20世纪前期，这些样式基本都出现了。

随着社会的不断发展和人们生活水平的不断提高，人们对服装的要求逐渐由功能性向多样性、个性化方向发展。随着人们思想的不断开放，人们不再拘泥于某种场合必须穿着某种服装，而是更加关注服装是否舒适和时髦。因而逐渐出现了如今十分盛行的便装。如针织装，这种服装的设计既舒适、便于穿着，又时尚美观，因此编织的毛衣、毛背心一时间流行起来，无论是居家还是参与运动，这种服装都能够满足人们对服装舒适性和时尚性的要求。对于女性而言，由于为裙子搭配上衣时，对上衣的宽松度和长度没有固定要求，因此这一时期套头毛线衣逐渐开始流行，它富有弹性且塑身效果好，能够与多种款式的裙装搭配。

第三节　“现代主义”的服装革命

一、“装饰艺术运动”迎来“现代”风格

“装饰艺术运动”（Art Deco）的诞生起源于1925年在巴黎举办的“国际现代装饰与工业艺术展”。“装饰艺术”理念融合了包豪斯、新艺术、立体主义、俄国芭蕾、古埃及艺术、非洲和南美洲原始艺术的特点，因此其表现出新奇和富丽堂皇的艺术风格。在现代主义思想逐渐壮大后，“装饰艺术”风格也逐渐放弃一些太过华丽繁复的元素，转而去追求一些简洁大方的装饰方法，20世纪30年代左右，装饰艺术在欧洲盛极一时，无论是塔玛拉油画、街边的汽车海报、流线型的灯具还是美国纽约的克莱斯勒大厦，都是对“装饰艺术运动”存在的有力证明。

“装饰艺术运动”一直以来被认为具备“现代风格”，其主要原因

是，早在20世纪初期，服装设计师们便已经感知到新时代的风向，因而他们都认可机械的形式，并在其作品中大胆地融入了现代艺术元素。这一点不仅在服装设计中有所体现，在其他设计领域亦是如此。

“装饰艺术”更加热衷于探索曲线与直线、具象与抽象的形式，并十分关注那些由简单的几何图形组成的图案，这一艺术风格在很大程度上为服装设计师带来现代主义的设计灵感。装饰艺术其实是一种来自工业生产的艺术，它将线条与轮廓描绘得格外清晰，将现代工业化的规整感融入其中，这种风格尤其对描绘女性身体外形有相当的优势。这说明了服装的直线外形风格与当时的装饰艺术风格具有高度的一致性（图2–3–1）。对于女性而言，无论种族，随着年龄的变化，身体的外观都会发生较大的改变，因此服装的设计只有凸显出不同年龄阶段人体的特色美感，才能够满足人们对服装审美性的要求。直线通常代表了女性少年时期的身体形态，而曲线往往用来表示成熟女性的体型。少年时期的女性能够展示出柔韧且富有弹性之美，即一种形体苗条、身形轻盈、充满活力之感。而这种服装则充分地开发了青少年女性身体本身所具有的自然美感，并用简约的直线形式加以强调。在一定程度上，这种追求直线型服装的思想也是对青年女性的赞美，同时也表现出人们对年轻岁月的珍惜与怀念。因此，直线型与女性的理想形象有着密切关联。

图2–3–1　装饰艺术运动时期的舞台服装、时装、服饰品

二、现代主义运动中的新建筑

20世纪初期到“二战”结束这一段时间是“现代主义运动”迅速发展并成熟的时期。由于“现代主义运动”的成长环境是一个极为动荡不安的时代，因此其所表现出来的革命性、民主性和现代性观念都十分明显。也正是由于这种观念，这一时期的文学、诗歌、哲学、艺术等各个领域都受其影响。而对于服装设计而言，在这场运动之后，女装彻底抛弃了传统审美，并开始注重服装的机能性（图2–3–2）。

图2–3–2 “现代主义”倡导简单线条、几何立面和单纯色彩

现代建筑设计从本质上讲就是现代主义运动发展的缩影。20世纪初期，随着社会各方各面的现代化发展，欧美各国的建筑师们也开始努力探索符合现代社会需求和现代审美的建筑形式，他们的基本宗旨是，重视功能要求，最大化便捷性、舒适性，注重提高建筑使用效率；为了保证新型建筑的合理性，也采用了新结构和新材料；同时不断优化空间设计，提升人们的使用体验感；注重经济效益，尽量简化不必要的建筑装饰；不做刻意设计，统一目的、内容与形式；协调建筑与周围环境的和谐等。这些理论对第一次世界大战以后的绘画、音乐、服装都产生了巨大的影响。

“装饰艺术”风格对女装的影响尤为明显，在此影响下直线型女装进入快速发展时期，最开始，此类女装夹杂着“装饰艺术”对线条的探索，随着其不断成熟，逐渐向现代主义风格过渡。

在这种思潮的引领下，社会的各方各面都发生了巨大变化。直线造型的理念逐渐渗透进各种艺术类别之中。首先，包豪斯的教师科布西耶曾提出“机械美学”的概念，他认为古典形式的语言应该被最基本的几何结构单体取代，因为这种简单明了的几何结构单体能够组合出丰富的几何结构。事实证明，这种理念被运用在女装的设计中获得了极大的成功。以简洁、朴素的直线型为特征的服装样式完美地呈现出现代主义风格，彰显着时代的精神；其次，这种思潮下，人们不仅对直线性视觉效果和明朗的造型更加感兴趣，同时也希望能够大胆尝试工业化的服装制作材料。也正是由于新型面料的推广和普及，使人们对女装的审美发生了巨大变革；最后，现代主义思潮下的服装设计产品，多通过工业化方式进行批量生产，因此服装的价格被大大降低，平民也能够买得起款式新潮的服装。在工业发展的带动下，直线型女装开始向全世界流传，并在许多国家得到推行。

由此看来，“装饰艺术”运动和现代主义思潮是推动“二战”后女装革命的重要力量。但这两种思潮也有一定区别，“装饰艺术”主要使女装的发展更注重直线外形与色彩和装饰图案的结合，但现代主义思潮则促使女装开始改变服装的材料、内部结构，并对服装的功能特性进行细致研究。

三、以“直线”构成为中心的女装

20世纪以来，女性的自我意识不断提升，女权运动迭起，这些女性思想意识的改观直接促成了女装风格的改变。第一次世界大战之后，出现了直筒型风格的女装，这种风格的服装外观简洁率真，成为当时年轻人的代名词。与中国女装相比，战后西方女装的直线型样式更为丰富（图2-3-3），并带有浓郁的青少年风格。由此看来，西方女装的设计在直线型探索方面下足了功夫，他们能够恰当地通过对直线进行分割、设置直线的宽窄、为直线添加不同的装饰等手段，制造出风格迥异的视错觉，进而极大地丰富了服装的情感表达。

所谓直筒型风格，指的是压平胸突、腰节下移、臀部束紧的平直女装，呈H状廓型，直筒型的女装刻意避免了胸腰臀的自然落差，从这个角度说，它并非完全自然。所以，直筒型是现代化女装最终落实到自然形态的过渡型。直线型决定了战后女装设计的焦点，设计师们围绕直线构成来展开各种各样的女装设计。

图2-3-3 “一战”后的时装插画

在女装的设计过程中，腰线的高低是影响服装造型的重要因素。通常，当腰线设计得较高时，能凸显出女性率真可爱、天真活泼的风格，而腰线设计得较低时，则表现为一种阳刚、健美、具有力量感的男性化风格。这一原理类似于现代女性职业装中，多采用宽肩垫、前门襟裤子和西装等男性化的设计。当腰线继续下放到臀围线附近时，便具有拉直下摆，从视觉上强化直线感的效果。可以说，直线型女装是女装现代化革命的产物，而现代女装革命又在很大程度上源于女性解放运动。但是，在“曲”“直”外形的讨论范围内，直线型服装体现的不完全是男性化的模仿（尽管有时将直线型代表男性化），而更多的是一种难以抵挡的青春气息（历史性地露出了小腿）。

在第一次世界大战结束后，欧美国家流行起一种孩童情结的女装，即一种模仿小女孩服装样式的风格。女性穿着宽松、类似罩衫的连衣裙，裙子长及膝盖，有的裙子没有设计腰线。这一时期的女性们放弃了合身或紧身的长服，为裙子加上大尺寸的边饰，并用天鹅绒制作出各式各样的花朵样式来装饰服装，再搭配沉重的珠串等。这种服装能够使穿着者看起来身形娇小可爱，营造出女性甜美的气质。

由于这种服装的流行，在一定程度上改变了女性对身材的审美追求。

因为这种展现孩子气的服装只有搭配上发育不完全的少年身材才更有韵味，因此在那个时代，率先尝试这种服装的女性则被人们称为“夫拉帕”（Flappers），即“苍蝇拍”的意思，思想相对保守的人们以嘲讽的口气来形容女性扁平的体型和越来越纤细的穿着。夫拉帕样式（图2-3-4）也是20世纪20年代的流行代表。大部分人着迷于这种新样式，也是因为它模糊了中产阶级与上流社会的装束区别。

图2-3-4　夫拉帕样式

（上：1925年，下：1927年）

“女学生式”服装紧随着“男学生式”服装出现，这种风格可在一定程度上被看作是传统女性气质的再现。此类风格的代表人物是简·帕特，他常选用一些质地柔软的面料，如双绉、山东绸等，并尝试将女性优雅含蓄的气质再次复兴。虽然女性服装的设计在当时呈现出胸部趋平的态势，但通过开大领口，再搭配上柔美的褶皱，便能够强化女性的柔和之美。

值得一提的是，直线型的女装在现代服装革命中有着双重作用，它既摒弃了女性化特征，又将女性身体的更多部位暴露出来，而这种处理方式正是女性性感造型的来源。换言之，女性现代服装的本质就是先抹杀女性特征，再强调其他部分。

总之，直线型是战后西方女装的重要特征，它以丰富多变的形式确立了流行的主题（图2–3–5），琼·娜将其称为“苗条的直管”。

图2–3–5　直线型女装

（左：“男学生式”外形，中：“女学生式”外形，右：“活动式”外形）

四、珍妮·帕克汉复兴“直线”时尚

珍妮·帕克汉（Jennv Paekham）设计的作品更多地继承并发展了英国现代服饰文化，而较少采用自己的独特创意。在她的作品当中，爱德华七世时代的风格常常与现代风格相交融，进而推动古典风格服装的复兴，使得当今时代依然可以保留古典的端庄与典雅之美。

珍妮·帕克汉的家乡在英国汉普郡，毕业于英国著名的中央圣马丁学院。1988年，她第一次发布了个人的女装高级成衣系列，向世人展示了复古风格的服装之美。在随后的各种时装季里，珍妮·帕克汉将历史的内涵不断挖掘出来，并以新的形式注入现代服装当中，从她设计的一系列轻礼服和晚礼服中便可看出这种摩登的奢华式浪漫。正因为她对历史元素的运用，被当时的英国时尚媒体大为赞扬。而她本人也在2006年和2007年连续被评为“最具好莱坞风格的英国设计师”。之后，珍妮·帕克汉又开始注重婚纱的设计，并在2008年被评为“年度英国最佳婚纱设计师”。她本人自己的品牌在2010年获得了“英国出口大奖”。珍妮·帕克汉是当代极富古典情怀的设计师，她的成功将古典风格推广向全世界，并被《时尚》杂志（*VOGUE*）评选为“最佳派对衣着代表”。

时尚潮流在很多时候都能直接映射现今的社会形态。传统与现代的结合虽是老生常谈，但作为一个以晚礼服和婚纱见长的品牌，珍妮·帕克汉情迷复古，她把代表英国黄金时代的服饰元素加入到现代时装里，让我们重返工业革命时代，她以服饰引领时代的复兴，凭借精美摩登的“古着风格”结出新的果实（图2-3-6）。

图2-3-6　珍妮·帕克汉的复古女装

英国式“古着风格”最显著的呈现方式，会让人联想到那批来自19~20世纪两次工业革命时期的名门望族、引领时尚的名媛。电视剧《唐顿庄园》、电影《泰坦尼克号》的剧装都参考了这段历史。珍妮·帕克汉的女性形象正是源于当年这些身着蕾丝绉绸、佩戴豪华饰品的名媛。她集中研究20世纪前后那段古典样式向现代样式过渡的转换期的服饰，受新艺术运动的影响，将女性美定义为“S形”：外形纤细、优美、流畅，裙长及地面，上半身到臀部做得非常合体，下面呈喇叭状。虽然服装将身体各部位包裹得都很严实但丝毫不影响女性身材弧线的展示。这种裙装造型相对简洁，为了使其看起来不过分呆板，特意在面料和工艺方面花费了大量心思，使其看起来十分精美。再为服装搭配上一些具有“洛可可”“中国风”特色的刺绣图案，使金丝银线织入锦缎中，在透彻轻盈的纱面料上坠上珠子或镶上钻，由此设计出融合古今风格、中西文化的，民族风格强烈的服装，给人们带来震撼的视觉体验。

刺绣是代表奢侈品服饰的主题词之一，也在各地服饰中广泛存在。西方的刺绣艺术与中国刺绣的区别在于，国人使用各种针法精细地表现花鸟图案，绣材以丝线为主；而西方人则擅长探索各种新颖的刺绣材料，珍珠、异型石材、磨细的贝壳、各色宝石甚至金链银条，近代水溶技术的发明还诞生了镂空刺绣，热熔材料的不断更新让丝绒、蕾丝等华贵面料有了更加巧夺天工的奢美刺绣。珍妮·帕克汉便是西方刺绣技术的传承者。她的设计中常见大面积的刺绣，每一款服装的绣法都丰富而多元，以不同的刺绣方式来呈现不同风格的图案，工艺精准，为我们重现了第一次世界大战前美好的盛世景象。

珍妮·帕克汉曾受到澳大利亚电影《悬崖上的野餐》的启发，推出了2014年春夏系列作品。她将电影中的爱德华七世服装样式作为原型，利用20世纪初经典的拉高腰线设计，结合优雅曳地的裙摆，将服装修长的线条美极力展现出来。此外，珍妮·帕克汉深刻地领会到爱德华七世服装的那种朴素却依然优雅的风格韵味，并在自己设计的服装中引入20世纪70年代的印花、波尔卡圆点、格纹、条纹等元素，与珍珠和施华洛世奇水晶形成鲜明对比。服装用晶莹剔透的欧根纱来表现浪漫与空间感，再用缎带包裹住腰部，既使得腰部看起来更加纤细，又在无形中提升了穿着者的内在气质。珍妮·帕克汉在处理色彩时总是十分冷静，在服装的廓型设计上也表现得更偏爱简洁，因而她的作品总是低调奢华地对现代文化进行演绎。珍妮·帕克汉的作品之所以看起来富含修养，是因为其无论从面料上还是工艺上都具有“古着风格”，并以朴素而随和的方式阐述现代人的审美理念。

珍妮·帕克汉从过去的小众品牌发展到被主流大众所关注，与英国新生代王妃凯特·米德尔顿（Kate Middleton）的时尚影响力关系密切。凯特以王妃的身份首次出席官方活动时便穿的是珍妮·帕克汉设计的礼服（图2-3-7）。2011年6月，随威廉王子参加儿童慈善机构ARK成立10周年的庆典晚宴时，凯特王妃身穿珍妮·帕克汉香槟玫瑰色亮片晚礼服。在施华洛世奇水晶和精美绝伦的刺绣图案的衬托下，凯特王妃气质高雅、身材均匀、线条优美。也正是凯特王妃这次成功的亮相，使得珍妮·帕克汉成为一颗万众瞩目的设计明星。凯特王妃成为珍妮·帕克汉的最佳代言人，并将这种王妃级别的时尚品位向全世界传播。此外，凯特王妃经常选择珍妮·帕克汉的设计参加各种活动，例如，加拿大卡尔加里机场上，凯特王妃曾身穿珍妮·帕克汉淡黄色真丝连衣裙，淡雅别致的风格让人眼前一亮；在参加加州圣巴巴拉市的“基金会马球挑战赛”时，凯特王妃身穿珍妮·帕克汉青灰色中国风手绘真丝连衣裙，该件服装的裙长只到膝盖以上，其袖形采用连肩式，凸显出女性的身形优势；在国家纪念碑植物园的晚宴上，凯特王妃宛如希腊女神，身穿珍妮·帕克汉银色缎面斜肩长裙；2012年5月，凯特王妃身着珍妮·帕克汉蓝绿色雪纺长裙出席“BOA Olympic Concert”皇家音乐会，这款造型吸引了众人目光，其明媚动人又不失亲民；在新加坡植物园里，凯特王妃身穿珍妮·帕克汉裸粉色印花连衣裙，雅致的气氛感染到周边；前往克兰芝联邦战争公墓悼谒时，凯特王妃所穿的珍妮·帕克汉淡灰色蕾丝连身百褶裙，庄重得体；在伊丽莎白女王加冕60周年典礼上，怀孕的凯特王妃身穿珍妮·帕克汉柔粉色高腰蕾丝连衣裙，外搭同色长款外衣，看似简单却再次带来惊喜。

图2-3-7　凯特王妃身穿珍妮·帕克汉礼服

2013年7月，凯特王妃生子后的第二天在伦敦圣玛丽医院前公开亮相，依旧选择了她钟爱的珍妮·帕克汉连衣裙。这款浅蓝色宽松波点裙经短短几分钟的曝光，再一次将珍妮·帕克汉品牌推到峰顶，该品牌迅速跻身世界顶级品牌。同年9月，凯特王妃出席了“The Tusk Conservation”大奖颁奖典礼，作为产后活动“首秀”，凯特王妃再次穿着珍妮·帕克汉礼服，稳稳取胜红毯，这件无袖礼服的宽松上身设计恰如其分地修饰了王妃产后的微胖身材。最近，凯特王妃主持了“对冲基金女性百强”慈善晚宴，身穿珍妮·帕克汉藏青色深V领短袖褶皱长裙，随意亲和。凯特王妃赋予珍妮·帕克汉耀眼的光环，各国王室女眷也开始关注珍妮·帕克汉品牌。瑞典维多利亚公主在瑞典皇室私人晚宴上也身穿优美大气的珍妮·帕克汉银色长裙走上红毯。

英国著名演员凯特·温斯莱特（Kate Winslet）也十分钟爱珍妮·帕克汉的设计。例如，在电影《劳动节》伦敦首映礼上，凯特·温斯莱特便选择了珍妮·帕克汉大红色孕妇礼服，这件礼服的胸前和领口均镶嵌水晶，闪耀的水晶将裙子本身的色彩加以反射，彰显出雍容华贵的气质；凯特·温斯莱特还穿着珍妮·帕克汉黑色深V领礼服参加了3D版电影《泰坦尼克号》伦敦首映式，其优雅知性的成熟女性形象更是吸引了无数粉丝为之呐喊。珍妮·帕克汉的作品被许多演艺界著名人士喜爱，在一些电视剧诸如《欲望都市》《绯闻女孩》和电影《007：大战皇家赌场》等中，也都出现了珍妮·帕克汉品牌的服装（图2-3-8），足以说明珍妮·帕克汉的成就和其设计作品的魅力。

图2-3-8　身穿珍妮·帕克汉服装的女星

（左：泰勒·斯威夫特，中：布莱克·莱弗利，右：凯特·温斯莱特）

第四节　服装“现代性”的价值重评

一、超越审美看现代性理论

哲学中有关现代性的理论开启了现代服饰文化研究的一种新的思路和方向。现代性是一个庞大的概念。理论家们从许多领域做分门别类的考察，对现代性的定义多表现为以下四种层面：作为历史分期的现代性；作为观念层面的现代性；作为社会学概念的现代性；作为心理学概念的现代性。这四种模式都有着内在相关性。

在作为历史分期的现代性这一层面当中，现代性作为一个历史分期的概念，被看作是一种断裂的，抑或是某个时期的当前性的意义。我们有时将现代性看作一个时间范畴，有时又将其看作一种时期的划分界限，因此，现代性既是一个质的概念，又是一个可以通过变化的特质来标识的时段。虽然我们极力地研究现代性特征与一切具有现代性特征的事物的发展历史，但我们依然很难十分清晰明确地对其进行时间上的划分。因为任何思潮或社会现象的诞生与消亡都不是一蹴而就的，绵延不断的时间和复杂多变的社会状态使得我们对现代性的定义较为模糊，但不可否认的是“现代性”将我们与传统社会隔离，并拉开一道明显的历史鸿沟。

在观念层面中，现代性被看作是理性的载体。这是从韦伯的思路发展出来的。韦伯认为，“从西方的启蒙主义以后，理性的发展，工具理性、工业革命，到科技发展，甚至到民主国家的建立，到市场经济的发展，加上资本主义，这一系列的潮流似乎已遍及世界各地，无论你是否喜欢它，是否反抗它，这个潮流是不可避免的”。韦伯专门将这套科学技术现代化的理论称作“合理化”。

在作为社会学概念的现代性这一层面中，我们能够用社会学家吉登斯的理论进行解释。在《现代性的后果》一书中，吉登斯提出“现代性”应该被定义为“社会生活或组织模式”，他认为现代性可通过社会制度来进行区分，其研究内容包括资本主义、工业化、现代监督体系和军事力量四个维度。事实上，工业的崛起的确对整个人类社会的进步起到推动作用。随之而来的则是城市人口猛增及人类生活方式的改变。从某种角度来说，科学、自由、民主就是现代性的代名词。

在作为心理学概念的现代性这一层面中，注重对现代性在心理学范畴中的探讨。赫勒曾说，现代性是无数男女对这一巨变的特定体验。现代性把人变成现代化的主体的同时，也在把他们变成现代化的对象；换言之，现代性赋予人们改变世界的力量的同时，也在改变人们自身。

现代性与服装的发展演变有着密不可分的关联性。也正是这些现代性思想的盛行才使我们的生活得到翻天覆地的改变，而现代服装便是在这种现代性社会化思想的大环境下应运而生的。

二、身体哲学的嵌入

研究现代服装，绕不开“身体”这一核心命题。在当代理论视野中崛起的身体研究并不是一蹴而就的。在相当长的历史时期里，西方哲学的基本主题都源于思想，思想以上帝之名或者以理性面貌出现，去贬低和压迫感性的身体。从19世纪末开始，以尼采为代表的现代身体理论才开始出现，并逐渐进入哲学与社会学领域的思考范畴，成为学界关注的热点。我们对现代身体观的考察，也是围绕19世纪末~20世纪初这段时期与身体解放相关的理论进行的。

西方文明带来了人们对“灵魂”与“肉体”地位孰高孰低的讨论。形而上的“灵魂”即我们所讲的精神和理智，被人们视为最高级的存在，而形而下的“肉体”即我们所说的人的身体则被抑制。西方哲学对身体的否定不是从现代才开始的，这一思想早在古希腊时期就已出现。当时苏格拉底认为，身体是一种卑贱的存在，不健康的身体不仅会导致人们心情不佳、使人们容易气馁、遗忘甚至疯狂，更会使人们努力获得的知识最终从灵魂中被驱逐出去。柏拉图也认为，身体和灵魂是永远对立的两种存在，因此追求智慧的人，只有甩掉肉体，全靠灵魂去感知世界，才能够真正有所收获。这种二元论使精神凌驾于肉体之上，肉体彻底被人们摒弃。

后来，尼采的哲学理论将身体从传统的理性中解放出来，此后人的身体才开始获得空前的自由。尼采的世界包含了更多的现实，是真实性与感性的体现，因而其与柏拉图的理想世界和基督教经院哲学信仰的彼岸世界是完全不同的。尼采对身体的重新定义开创了哲学思想中的现代性道路，他的思想对后世哲学发展具有很大影响。许多后世著名的哲学家都或多或少地吸收和发展了尼采的理论。例如，他对身体欲望的重新解读为后来出现的现代身体观提供了论据。

对于现代服装产业而言，科学技术和产业革命是推动现代化进程的绝对力量。由于机械的发明，化学的进步，衣料增多，成本降低，促使服装行业向现代化转变，并对人们的衣着方式产生了直接影响。现代社会分工使“变革”成为方方面面的概括，现代服饰的大胆创新和骤然变化与社会劳动分工的改变有着密切的联系。工业的全球化影响服饰的传播与交流，也促成服饰的模仿与流行。现代社会更重视个体的发展，导致现代自我的产生，外化在服装上，则是越来越关注外表、张扬个性。同时，消费成为建构自我认同的重要方式，人们喜欢追求时尚，并督促服饰的不断改变，从时尚中得到了自我满足。

第三章　现代服装结合民族民间文化的设计方式与程序

随着全球一体化的进程不断加快，世界各国人民都普遍认识到民族与本土文化的重要性，对于服装设计领域也是如此，本章将通过对服装设计的一般过程及知识框架、民族民间文化进入现代服装的方式、融入民族民间文化的现代服装设计这几部分入手，对现代服装结合民族民间文化的方法进行详细研究。

第一节　服装设计的一般过程及知识框架

辩证唯物主义认为“世界上的一切事物都是运动、变化和发展的，所以事物总是作为过程而存在”。同样，设计活动作为一种极富创造力的思维实践也是如此。我们不否认影响设计的因素是多种多样的，但最重要的必然是要符合其自身发展和变化的规律。因此，本节将通过挖掘设计活动中各要素之间的相互关系，从而为设计活动建立起理论框架。其首要工作是必须深入分析设计过程的构成要素及各要素之间的关系，才能够搭建起研究的内容框架，并确立研究目标。进而梳理清楚服装设计相关的概念、要素、知识等，帮助服装设计师对服装设计活动建立一个整体概念，并通过整合与归纳设计过程的发展段落、研究内容、相关知识，为更深入的研究做好准备。

一、设计过程的概念辨析

一般意义上的过程是指“事物发展在时间和空间上的持续和延伸”，本书所研究的设计过程不只是一种时空的概念，而是包含设计者从接受任务到完成设计所经历的所有环节。就其构成要素和研究内容而言，既包括阶段、层次、环节等过程要素，也包括理论、方法、技术、程序等知识要素，还包括社会文化、政治、经济、时尚等环境要素。这些要素是按照一定的层次结构分布在各个阶段之中，并且每一阶段中的要素之间也存在一定的逻辑关系，所以对于设计与过程、过程与阶段、阶段与程序关系问题的研究，就成为本研究的基础和前提。此外，设计的过程是设计师思维逻辑的体现，其过程是否科学、合理直接影响了设计目标的完成情况。所以，只有在进行设计实践之前，充分认识到设计过程的一般规律，并充分了解到设计各个阶段之间的关联，明确过程与结果之间的辩证关系，才能够在设计的过程中始终做到条理清晰、目标明确。

（一）设计与过程

设计活动必然要经历一个由因到果的过程，设计的过程是整个设计活动的重中之重，虽然并没有对设计过程进行十分严格的要求，设计的方法与思路可根据不同的设计师和设计对象进行适当调整，但其本质规律却是可以总结与提炼的。通常情况下，设计的过程具有连续性与系统性，并自始至终具有一定的逻辑性，从整体来看，设计的过程是环环相扣的，任何一个阶段没有做好，都会直接导致下一阶段无法顺利进行。

随着人们对服装的要求日益提高，服装本身所具有的功能内涵也得以延伸，服装设计要充分体现其功能内涵，就必然要面对更为复杂的因素。平衡和协调好这些因素，将其作用最大限度地发挥出来，是现代服装设计师的使命与责任。从系统论角度来讲，设计的过程是多种因素相互影响、相互作用、共同发展的过程，也就是说，在这之中任何一种因素都无法脱离组织而单独发展。因此，组织协调性成为设计过程的重要属性之一。在此基础上，我们能够借助整体的、普遍联系的观念对设计问题进行分析，要注意兼顾设计过程的宏观发展方向和各阶段设计的目标及解决方案。同时还要努力协调设计活动内外部间的关系，进而建立起良性的设计运行机制，由此促进设计师的思维朝系统化方向发展。就设计的目的性而言，过程与结果之间有着密切的关系，大量的设计实践证明凡是优秀的设计背后都会有一个合理的过程与严密的程序，由此可见，与其盲目地追求设计结果，不如认真地对待设计过程，在系统性与程序性的综合作用下获得“水到渠成”的结果。

（二）过程与阶段

设计过程是一种循序渐进的连续性运动，同时也是一种系统性的发展过程，如果设计者含糊地处理设计过程中的各种因素及相关问题，则必然导致因局部利益而破坏整体目标。设计过程与阶段的划分必须遵照设计进程的时序性和研究内容的关联性进行。这样的处理方式能够将设计的总目标分解为若干相对简单易行的小目标，进而帮助设计师把握好阶段性的任务及基本要求。同时，依照阶段的划分，设计师能够对相关资料及设计素材进行分类整理，并缩小单次资料整理与知识搜索的范围，从而提高工作效率。此外，阶段性目标与整体目标的统一也能够保证设计活动自始至终不会偏离轨道。

通过分析前人的阶段划分方法，能够看出其划分的依据是随研究需要而变化的，因此可知，阶段划分并没有绝对标准和数量限制。但其前提条件是必须保证阶段划分的可操作性和高效性。阶段的建立必须严格参照问题属性和内容的关联性，坚持从理念到现实的发展规律。由于设计的各个阶段中会涉及许多具有共性特征的问题，因此将有机整体分解为相对独立的阶段能够帮助设计师找到解决问题的最佳方法。

（三）阶段与程序

所谓程序，简言之，就是处理问题的方法步骤。由于现代设计过程中所包含的因素十分复杂，要想有条不紊地处理好这些因素，就需要建立一种科学的工作程序。“设计程序是按照一定的科学创造规律，对设计活动的工作步骤进行的合理安排与策划。其中的每一步骤都有着自身要达到的目的，而更重要的是将各步骤的目的结合起来，以实现整体目的”。程序化已经成为现代设计方法的基本特征，它除了规范和引导阶段性研究之外，对于设计过程的宏观控制也发挥着至关重要的作用。大量的设计实践证明，要出色地完成一项设计任务，除了要用正确的理论来指导设计行动之外，还需要有一个与之相匹配的、科学合理的设计程序。因为程序作为现代设计过程管理的一种科学工具，它能够通过对工作流程的有效控制，达到缩短设计周期和提高设计效率的目的。

设计的程序与方法是密不可分的。程序是方法的内在结构，而方法是程序的高度总结与外在表现，二者之间相辅相成。设计程序必然要针对问题进行设置，因此程序一定会涉及解决问题的方法。在设计的过程中，人们总会遇到各式各样的问题，但解决这些问题的方法往往是十分有限的。因此，当遇到十分棘手的问题时，可以尝试着改变思考路径来获得一些启发，而这一过程就是改变研究程序的过程。所以，程序本质上是方法的有机成分，程序的设置对所采取方法的有效性直接产生影响。因此，对于服装设计活动而言，只有将设计过程、阶段、程序作为一个有机整体来研究，才能明确设计过程的层次结构，从而建立起规范的设计程序，并形成系统化和程序化的设计方法。

二、服装设计的一般过程

通过前文对服装设计过程要素及相关问题的分析得出，服装设计是一个按部就班的过程，具有明确的阶段性、程序性和因果性。从设计创意的产生到物质产品的实现，大致可以分为设计准备、设计创意、设计物化和设计完成这四个阶段。设计准备阶段主要是解决设计理念与产品定位的问题；设计创意阶段主要是解决设计构想与视觉表达的问题；设计物化阶段主要是解决产品在功能与形态方面的技术问题；设计完成阶段主要是解决生产准备与市场信息反馈的问题。在上述四个阶段中，每个阶段都有不同的研究内容。为了深入探究服装设计的基本规律，可根据这些内容的时序性及逻辑关系，将其划分为九个具体的实施步骤，分别为：任务分析与目标确认、设计调研与资料收集、需求分析与产品定位、设计创意与视觉表达、设计评价与方案优化、结构设计与纸样制作、工艺设计与样衣试制、综合评价与生产准备、批量生产与市场反馈。在下文中，将对这九个具体步骤分别展开论述。

（一）任务分析与目标确认

服装设计的问题主要来源于三个方面：一是服装设计与生产中存在的问题，如设计创意与技术表现、产品功能与消费需求、外观形态与内在结构间的矛盾问题；二是委托方提出的问题，如针对具体的品牌理念、消费特征、产品定位等约束条件，如何实现新产品在功能、形态及风格方面的创新问题；三是设计者通过市场调研主动发现的问题，如市场新需求引发的产品新功能、新材料、新工艺等问题。无论是哪一类的问题，总会有其产生和存在的原因，所以先要弄清问题的本质因素，然后才能有针对性地提出切实可行的解决方案。实践证明，对设计问题分析得越深入，设计中考虑到的因素就越全面，所形成的问题解决方案也就越完善。因此，设计者要突破思维定式，尽可能从多方面、多角度、多层次地思考问题，力求对问题有一个比较具体的界定，以便于准确地选择设计的研究方向。

当代人们对服装的需求越来越多样，服装的功能也随之发生变化。因此，任何一种服装都不可能同时满足市场的所有要求。设计师必须选定某一部分具有共同特征的消费者作为目标服务人群，在求同存异中归纳出其共性的需求特征，并以此作为确定产品功能范围的依据。有关本步骤的研究内容及程序，如图3-1-1所示。

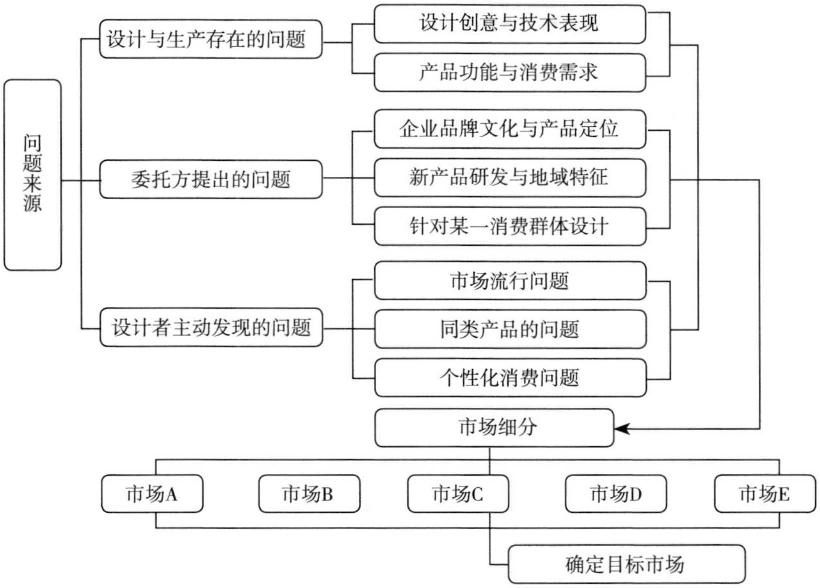

图3-1-1　任务分析与目标确定过程模型

（二）设计调研与资料收集

确定了设计研究的目标之后，接下来的任务是针对产品服务对象展开设计调研，以获取与设计相关的信息和素材。其中，对于目标消费群体需求倾向的调查，是本步骤中的核心内容。

通常，在进行服装设计调研时，多采用观察法、询问法和实验法这三种方法。其中，观察法是设计师通过现场观察和采集信息的方式，获取与设计目标相关的资料，例如，在商场中观察消费者对每种服装的态度与评价，调查不同种类服装的销售情况等。这种方法最大的优势是能够直接获取消费者的真实反馈和一手的销售数据，且结果具有可信性。但也不否认这种调查方法具有一定的偶然性，且支撑结论的理由缺乏说服力，因而这种方法在实际调查中多为辅助手段。询问法是先拟定好需要调查的问题，再通过调查问卷、电话咨询和约谈等方式，对目标人群进行调查的一种方式。这种方法可以扩大调查范围，且由于被调查人基数较大，因此其结果较具代表性，但由于调查对象对问题的理解程度不同，因此提供的信息可能缺少完整性，且问卷的回收率往往较低。实验法即先小批量生产某一产品，使其进入市场，接受市场的考验。这种方法是最客观、最具说服力的调查方法，根据市场反馈情况可直接决定这一设计是否再继续投入生产，但其缺点是实验耗时太长，且费用过高。上述几种方法在实际调查工作中多综合使用，以此来获得更为全面精准的市场信息。

设计调研的内容应根据产品特点及研究目的而定，本书根据一般服装产品的设计需要，将调研内容大致归纳为以下几个方面：①营销环境调研，包括政治环境、经济环境、自然环境、社会文化环境等；②市场需求调研，包括总体需求、消费结构以及目标消费群体的特征及价值取向；③竞争情况调研，包括竞争者的数量、实力、产品组合、价格、营销策略等；④服装产品调研，包括产品品牌、包装、价格、款式、面料、色彩以及存在问题；⑤销售渠道调研，包括不同年龄、地区消费者的购买力以及对产品的喜好倾向；⑥促销手段调研，包括促销的范围、促销时机、消费者对各种促销方式的反应；⑦产品价格调研，包括消费者对价格的承受力以及价格调整对消费者的影响等；⑧流行趋势调研，包括国内外相关杂志上对于同类产品的报道以及用户的期望等。通过上述调研，可以广泛地了解消费者对于服装的需求状况，发现市场存在的薄弱环节，确定设计创新的方向。设计调研的内容及程序如图3-1-2所示。

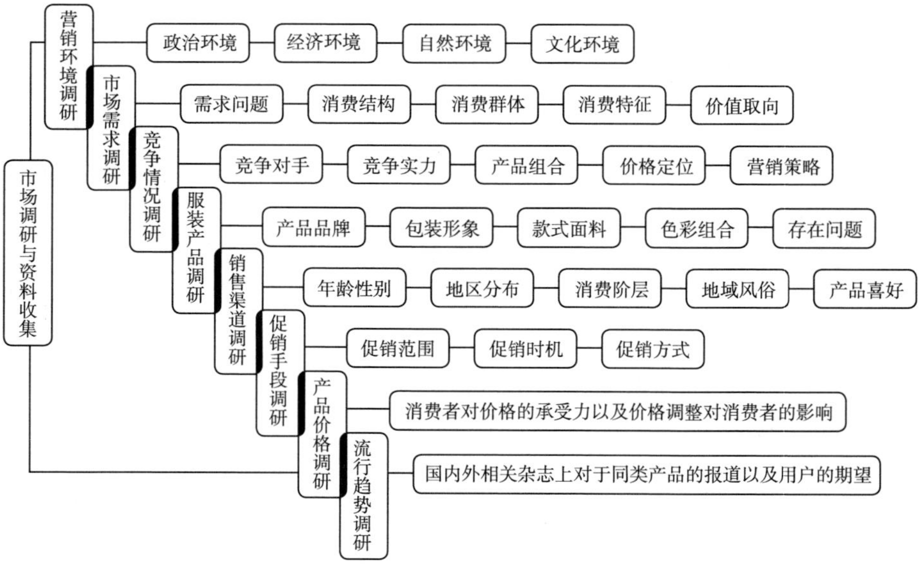

图3-1-2　设计调研程序及内容

（三）需求分析与产品定位

需求指的是消费者对产品提出的要求和期望，通常一件产品的功能定位主要根据消费者的需求进行设置，人们购买任何一件商品，都是因为该商品能够满足其某种需求。需求分析的目的是从消费者对于需求的各种观念性描述中，提取与设计相关的要素，如风格喜好、功能诉求、材料特点、颜色倾向等。但是，由于消费者并不具备服装设计方面的专业知识，因而难以将自己的需求做出专业性的描述，所以准确地理解消费者的真实需求并不是一件容易的事情，需要设计者凭借经验对消费者的感性描述做出理性的分析和判断。另外，设计调研所获取的原始资料往往是零散的或不系统的，所反映的问题也常常是事物的表象或某一侧面的特征，设计者要通过对调查资料的分析与归纳，形成对目标消费群体共性需求的理性认识，这样才能够把握市场需求的本质，建立消费需求与产品功能间的关系，为创造满足市场需求的产品提供客观的依据。

用于需求分析的方法很多，本书主要引用了“自顶向下”和“自底向上”两种树状分析模型。如图3–1–3所示，自顶向下的分析方法是从顶层开始将总体需求层层分解为若干个子项，直到把全部的需求表示清楚为止。如图3–1–4所示，自底向上的分析方法是将零散或不完整的需求进行层层整合，最终归纳出根本性的需求概念。这两种方式在服装设计中的应用各有侧重。自顶向下的方法一般用于需求分析，即将目标消费群体的总体需求层层分解为若干要素，再将这些要素与服装功能相联系，从而发现相应的功能。自底向上的方法通常用于设计要素的归纳，这种方法是从消费者各种零散的需求描述出发，逐步归纳出具有共性特征的需求倾向，从中产生综合性的产品概念及设计定位。上述方法反映了处理问题的两种不同的思维方式，前者侧重于分析，后者着眼于归纳，在实际操作中两种方法常常结合运用。

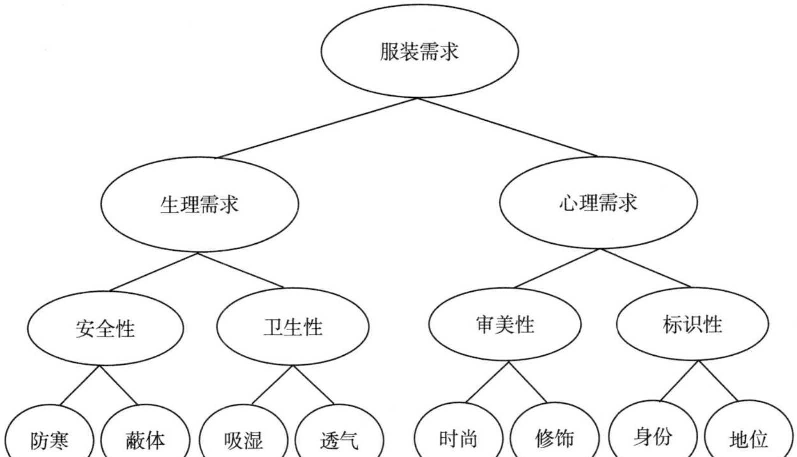

图3–1–3　自顶向下的需求分析树状模型

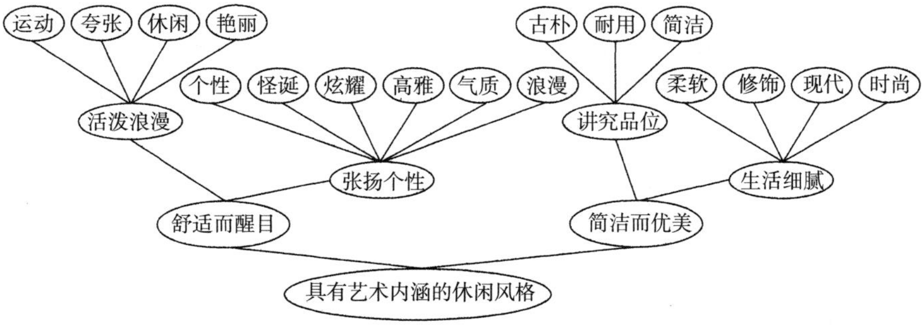

图3-1-4　自底向上的需求分析树状模型

通过需求分析，我们能够对一件产品进行定位，在确定产品功能构架时，可以从目标消费群体对产品功能属性的关注程度入手，从而找出目标受众最希望获得的功能。只有对产品的定位明确且符合受众需要，才能保证设计出来的产品具有针对性和有效性。对于服装而言，产品定位可通过服装的形态特征如廓型、结构、材质、色彩等来体现，亦可通过服装的风格特征如奢华的、简朴的、古典的、现代的等进行反映，而对服装进行定位的最终目的是根据消费者的需求，确定产品功能及表现形式。尤其对于现代设计而言，只有产品的现实功能能够满足受众的基本需求，才能称之为一件成功的设计作品。因此，设计活动的起因是发现需求，目的是满足需求，而产品定位则是促成设计成果的必备条件。

（四）设计创意与视觉表达

当消费需求明确后，就要围绕服装的功能范围展开创意设计和视觉表达。在这一过程中，设计者不仅要发挥想象力进行抽象的思考，更要结合逻辑推理与判断，才能使抽象的功能概念转化为具体的产品形态。设计创意的过程是不断推敲各种服装造型要素及技术要素的过程。设计的创意过程同时也是对整个设计工作的统筹规划过程，其内容是否完整而具有新意，直接影响了设计成果的优劣。因此，设计创意是一项蕴含丰富系统性的活动，它既是对服装功能内涵的深入分析，又是对社会文化、市场环境与流行趋势等因素的综合反映。要完成这样一个复杂的构想，设计者的思维方式发挥着关键性的作用，因为“设计构思活动是一种探索性的创造活动，设计构思的路线正确，能使设计工作顺利进行并取得满意的效果；相反，若路线或方向失误，就会走入歧途或徘徊不前，甚至导致设计工作的失败”。所以创意不仅需要积极的探索与思考，同时还要遵循一定的程序与方法，方能取得事半功倍的效果。

通过研究现代产品设计的一般规律，发现对于一件产品而言，首先，其主要功能是满足人们的生理需求，这方面涉及产品的结构、材料、工艺等因素；其次，满足人的精神需求则是其次要功能，这方面涉及产品的款式、色彩、装饰、流行元素等因素；再有，服装为适应时代和社会的要求，通常还具有一定的延伸功能，这方面包括服装的风格、情感、意蕴等因素；最后，为了使服装具有更好的视觉形象，还需展开技术层面的分析，提前预估制造过程中可能出现的问题，并寻找解决方案，为后续工作打好基础。服装设计的创意方案至少要包含以上内容，而在实际操作过程中，通常要同时提出几种不同的方案，以备做进一步的评价和筛选。设计方案最终必须以详细具体的形态展示出来，而非仅停留在抽象概念层面。有关本步骤的工作程序与研究内容，如图3-1-5所示。

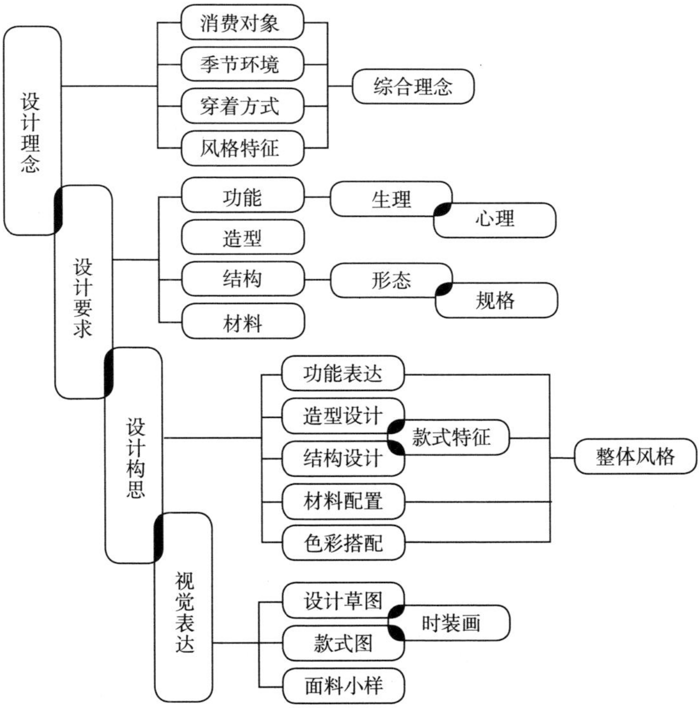

图3-1-5　设计创意与视觉表达过程模型

（五）设计评价与方案优化

服装创意方案评价的内容与程序，可以归纳为以下几个方面：首先，从设计可行性的角度对服装的造型因素、审美因素、功能因素、生产因素等方面进行分析与比较，从中筛选出比较满意的方案，或提取几个方案中的突出要素重新整合成更加完善的方案。其次，将选定的方案再次展开，针对方案在艺术性、实用性、生产可行性，以及功能、形态、结构、色彩、材料、工艺等方面的协调性问题，进行深入细致的评价和优化，尽早地排除设计中的潜在问题。在对创意方案的评价过程中，要特别关注技术层面的可行性分析，这样才能确保设计方案的顺利实施。

在筛选方案时，要综合考虑设计、技术和市场等方面人士的意见。评价的组织可以有多种形式，如内部评价，即设计团队内部组织人员进行评价；外部评价，即由营销部门和经销商组成的评价小组进行评价；可行性评价，即由技术部门和生产部门组成的评价小组进行评价等。评价的方法也有很多，诸如集中讨论、专业座谈、个体间沟通等。而评价的主要内容则包括产品的创新性、实用性、审美性、可行性、经济性五个方面，这五个方面中，各自又包含了许多具体内容，如图3–1–6所示。

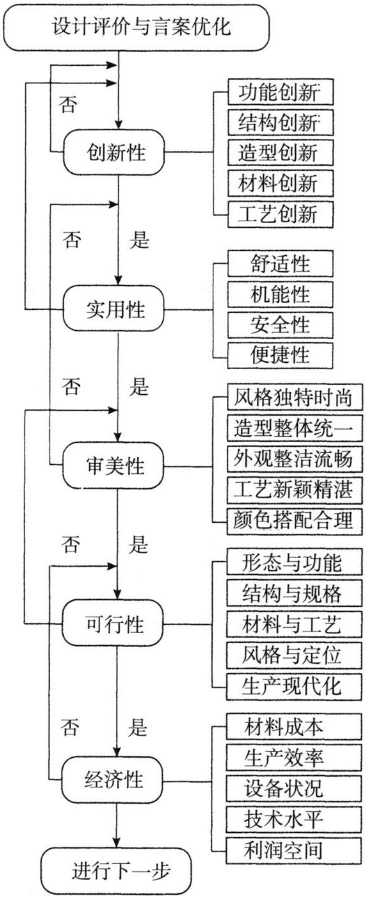

图3–1–6　设计评价与方案优化过程模型

（六）结构设计与纸样制作

该步骤是将设计构思物化的重要阶段，其主要任务是通过分析服装的视觉形态，生成满足生产需要的技术模板。其具体操作顺序依次为形态分析、规格设计、结构制图、基础纸样、样板审核、系列纸样这六个环节。第一，根据设计图展示出的服装造型，进行服装功能、结构、材料、工艺等方面特征的分析，并以此作为结构设计与制图的依据；第二，分析目标消费群体的体型特征，参照国家服装号型标准或客户标准，并综合考虑服装造型特点及穿着要求，从而确定号型配置及规格系列；第三，参照规格系列表，整理出中间号型规格作为制图参数，总结服装整体造型特征，完成服装平面图的绘制工作；第四，将服装整体制图分解成一定数量的衣片，并加放缝份后生成基础纸样；第五，结合“衣片假缝”[1]，审核基础纸样，具体工作包括对设计进行整体造型评价、部件融洽性评价、机能性测试、规格测量等。当发现问题后，对照基础纸样进行修正。待修正完成后，该样纸便可作为制作系列纸样的标准模板；第六，按照号型配置中的相关参数对标准纸样进行缩放，生成满足生产需要的各种规格的服装工业纸样。本步骤的研究内容与工作程序，如图3-1-7所示。

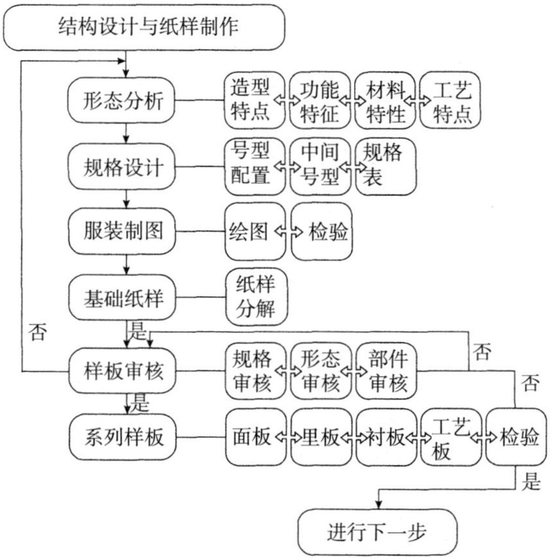

图3-1-7　结构设计与纸样制作过程模型

[1] 假缝就是将衣片按照一定的组合方式，用手针绷缝起来，然后进行试穿，以检验纸样是否符合设计要求。

（七）工艺设计与样衣试制

此步骤中的工艺设计，指的是为服装生产过程中具体的细节工作制定的技术方案，其内容主要有加工方式、工艺流程、工艺装备、质量标准等。工艺的原本含义是，将材料固有的形态加以改造，使其成为目标产品的技术过程。在实际操作过程中，工艺设计必须兼顾技术先进性和生产效率，否则会严重影响产品的质量，导致其市场价值减损。服装工艺设计的主要内容分为三部分，即裁剪工艺、缝制工艺和熨烫工艺。其中，裁剪工艺指的是针对面料、里料、辅料的排料方式、纱向及纹样对位标准、剪切误差等方面提出的技术方案；缝制工艺指的是针对加工方法、操作流程和质量标准而提出的相关规定；熨烫工艺指的是根据服装的塑形要求和材料的塑形特点，对熨烫方式及温度等方面提出的相关要求。

完成上述工艺设计之后，选用与实际生产相同的面料进行裁剪及缝制，按照工艺文件中的具体要求完成样衣试制。然后检验样衣在造型、结构、材料、工艺等方面是否达到了预期的效果，对尚存在的问题进行最后的修正。此外，在样衣试制过程中还要进行有关“耗材”与“耗时”的实验，为下一步的生产准备提供参考数据。样衣试制的程序与内容，如图3-1-8所示。

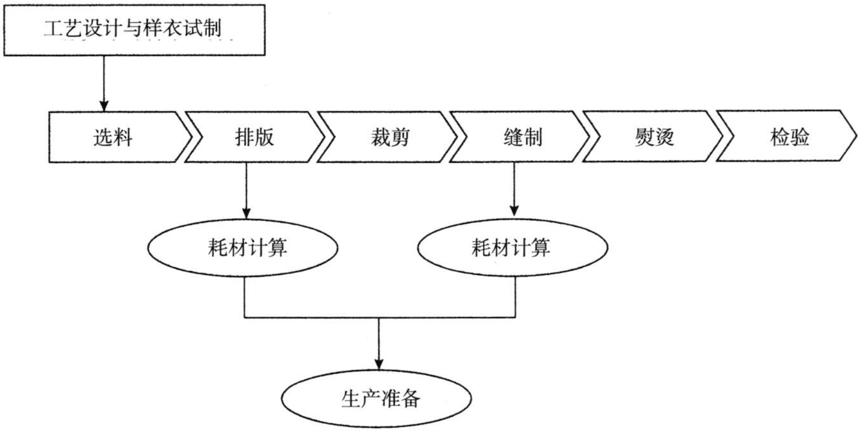

图3-1-8　工艺设计与样衣试制过程模型

（八）综合评价与生产准备

组织来自设计、生产、技术、销售等部门的有关人员，结合样衣评价对设计方案做最后的鉴定。综合评价既要有定量的技术分析，也要有定性的感官评价，评价内容主要包括以下六项指标：①服装所呈现的形式与功能是否达到了预期的目标，即是否满足目标消费群体的特定需求；②服装的造型及结构是否适应目标人群的体型特征及运动需要，服装的舒适性是否达到了预定的指标；③服装自身各部件之间的组合关系是否严谨，工艺效果是否达到了质量标准；④服装材料及色彩搭配是否协调，风格是否统一；⑤服装规格、比例及松量是否能够适应造型要求；⑥服装的整体视觉效果是否达到了预定的目标等。设计方案确认无误后，进入生产准备阶段，这一阶段又分为材料准备和技术准备两项内容。其中，材料准备包括材料选择、材料购进、材料检验、材料预缩等环节；技术准备是对各种技术文件的制作，包括规格系列表、系列纸样、工艺文件、质量标准等。本步骤的具体内容与程序如图3-1-9所示。

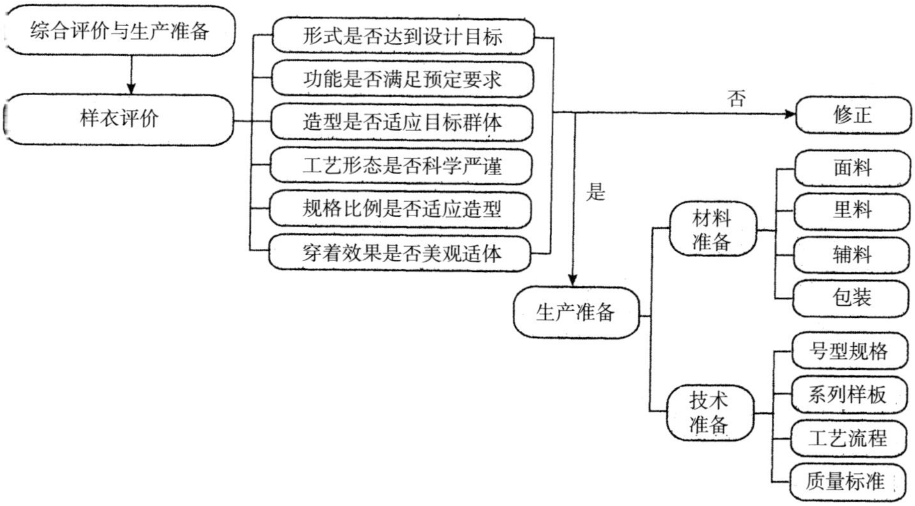

图3-1-9　综合评价与生产准备过程模型

（九）批量生产与市场反馈

此步骤的工作目标是按照前期拟定的工艺要求，生产出高质量的产品。通常情况下，在生产初期，生产部门往往需要一个对工艺要求进行适应的阶段，在此阶段，为了保证产品质量，设计师必须要密切关注成品效果，及时与生产部门沟通，帮助生产部门解决工艺方面的问题，并对首件样品进行全面鉴定。在产品投放市场后，设计师必须对该产品的销售情况进行跟踪，并及时收集消费者反馈信息，认真分析受众的评价意见，并针对这些反馈信息总结经验。

上述九个步骤之间环环相扣、循序发展，使服装设计与生产成为一种相互联系的系统工程。在此需要指出的是，上述步骤的划分并不是绝对的，而是根据研究需要而进行的任务排列。不同的设计对象有着不同的研究内容，技术实现的过程也不尽相同，在实际应用中还应根据具体情况做灵活的调整。通过对上述设计过程及操作步骤的研究，可以帮助我们从宏观上把握设计的进程，建立科学有序的工作方法，养成有条不紊的思维习惯，这也是设计方法向科学化发展的需要。

第二节　民族民间文化进入现代服装的方式

一、民族民间文化的现代设计表达

民族民间文化作为文化艺术领域中的一部分，对中华民族文化的形成与发展具有十分重要的影响。民族民间文化的领域非常宽广，其表现形式十分多样，如狮子舞、书法、篆刻、脸谱、红灯笼、大碗茶等，都是民族民间文化的具体体现。在视觉艺术领域中，民间工艺美术作为中式美学的代表，如今已受到了世界各国的认可，如皮影、剪纸、编织、绣花等。这些传统的工艺品，多选用天然材料，以手工技术制作而成，这些工艺品凝聚了世代人民群众的智慧，是一个地区地方文化特色的体现。这些工艺品往往与民俗活动密切结合，成为人们生活的一部分。

（一）民族民间服装的审美体现

1.民族民间服装是民族民间文化的重要载体

民族民间服装是一个地区，一个民族的人民世代传承的服装，包括节庆服装、礼仪性服装和日常生活服装等。因此，这些服装可谓是民族民间文化的活化石。民族民间文化能够通过一定的服饰造型及款式设计、服装色彩搭配、服装面料选择以及服装图案设计等呈现出来，通过特定的民族服装形体语言和形式特征，使人们感受到不同风格服装所蕴含的民族民间传统文化和当地人们的审美习惯及思想观念。

因此，对于现代服装设计师而言，不断开阔眼界，不断吸收和学习各个民族的民间服装文化，对自身的职业发展有很大帮助。尤其在文化大发展大繁荣的当今社会，中国想要在国际上站稳脚跟，不仅需要高端的科技和飞速发展的经济作为支撑，更需要强大的文化影响力。而一个民族、一个国家的文化影响力一定是源于本民族传统文化的，任何一个国家都不可能完全脱离传统重新创造出新的文化，因此我们必须深入挖掘本国优秀的传统文化。而要深入探究传统文化之根源，最直接的切入点就是从民族民间文化入手，了解各个民族民间生活方式，与人民对话，因为民族民间的文化核心内涵早已融入人民群众的日常生活当中，甚至成为人民自身的一部分。

我们应该正确认识中国传统文化的内涵，并从中找到激发我们创作灵感的文化元素。例如，苗族是一个拥有悠久历史文化的民族，因而在他们独有的民族服装中总是能够找到一些具有特别象征的符号与印记。苗族女性褶裙上的彩色线条，如同苗岭间的溪流和山路，上衣背后回环式的方形纹，正如古老的苗寨地图，而方形纹内部的细小纹路则是寨中的街道、城墙、角楼、店铺，披肩上还绣有云纹、水纹、棱形纹，花带上的“马”字纹和水波纹，这些都是苗族先祖对他们那个时代生活的记录和对自然与生命的诠释。从苗族的服饰文化中，我们能够收获些许启示，即民族民间传统的服装本身蕴含了大量的本土文化，而只有通过其本身的系统将象征符号与意义结合起来并使之意义符号化，才能使民族民间服装在当代社会中流行起来。

2.民族民间服装是不同地域文化的重要体现

中国的自然条件呈现出东西差异与南北异同的特征：北方寒冷多雪，森林草原辽阔，北方少数民族以狩猎和畜牧业为主；南方炎热潮湿，山川盆地交错，而生活在该地区的少数民族大多从事农业生产。不同的自然环境、生产方式和生活方式造就了不同的民族性格和心理，也造就了不同的服饰风格和特点。蒙古族、藏族、哈萨克族等生活在地势较高的草原上，他们多以放牧为生，因此他们的民族服装多为牛羊皮制成，衣领、袖口、裙子和下身多用彩布或细毛装饰。例如，藏族人和柯尔克孜族人多穿修长的长袍和镶有珍贵毛皮的裙子，显得优雅而厚重。哈萨克族的“库普”则是一种驼毛大衣，轻便且十分保暖，方便人们在冬日外出劳作。但与之形成天壤之别的是，在南方少数民族聚居区，随处可见的是以麻棉为主要面料的服装。由于南方地区湿热的气候条件，他们的服装多轻薄透气，裤腿和裙子相对较短，且制作工艺精美，纹样精致。总之，风格的多种多样，不同的特点十分突出，构成了民族民间服饰文化的另一个特点。

3.民族民间服装具有地域文化的标志性

我国民族民间服装正面临着全面现代化的冲击和改革的要求。那些原模原样的传统服装自然无法满足当代人的审美和生活需求，因此必须做出改变。新民族民间服饰力求大方、美观、简洁适用，方便生产生活，并在今后组织大型机械生活的同时，保持传统民族民间服装的基本特征，以适应现代化的需要。对于现代社会来说，民族民间风格现代服装的发展将是未来相当长时间的服装发展方向之一。所以，设计师在进行现代服装的设计时，不仅要对民族民间传统服装文化内涵进行深入探究，更要把握新时代的时尚风向，因为绝对的传统或绝对的新潮都无法得到最广大人民群众的认同和接受，只有在继承民族传统特色的基础上进行符合现代社会需求及审美原则的改进，其作品才有可能得到推广。

中国传统民族民间文化一直以来都饱受国际流行文化的冲击，我们不否认流行文化的现实性价值，但我们也相信传统文化作为民族文化根基，在现代乃至将来社会都具有不可替代的价值。从这一点来看，民族民间服装在当代社会得到新的文化重构是完全可能实现的。事实上，中华民族的民间服装是各族发展历史的记录和人民生活状态的陈述与情感的表达，民族民间服装正是在民族壮大的过程中逐渐发展起来的。服装的文化因素与功能特性会随着社会的进步，逐步从单一走向多元，从朦胧模糊的状态走向明确清晰，进而突出时代性，这也从侧面演绎了一个民族服装文化的历史发展脉络。

（二）民族民间文化进入现代服装设计的方式

如何让中华民族优秀的民族民间元素进入当代人们的生活中，使其与现代时尚元素相融合，进而使其在当代社会中重获新生，是目前文化艺术领域工作者亟须探究的问题。而这一问题可以从以下几个方面探讨。

首先要探讨的是民族民间元素在当代社会应该如何利用。对于服装设计而言，当设计师将民族民间元素作为素材时，必须首先深入挖掘其背后的文化意义，同时要考虑通过何种手段进行视觉上的表达。比如，国航著名的凤凰标志，使用了艺术化的凤凰图案和中国红这两种元素，凤凰是中华古代神鸟，所到之处天下太平，具有祥和之气，这种古老而深刻的吉祥寓意与航空公司的飞行理念十分契合，这是借“瑞鸟”之意传达航空精神的成功的设计表现；罗伯特·卡沃利（Roberto Cavalli）在2005年秋冬时装周上将青花瓷图案转化到西方束胸鱼尾的晚礼服上，华伦天奴（Valentino）在2013年秋冬时装周上也用青花瓷图案的幽蓝色泽配合柔然透明的材料带出一股优雅出尘之美（图3-2-1）；凯卓（Kenzo）则从西藏神庙中获取灵感，创作出具有浓厚宗教色彩的印花，密集的眼睛图案寓意庇佑寺庙免受来自四面八方的风雨侵袭。中国设计师上官喆也抛出“西藏的秘密”的主题，将中国风玩出十足的时髦感。

图3-2-1　民族民间文化在服装设计中的表达

（左：罗伯特·卡沃利青花瓷礼服，中、右：华伦天奴青花瓷成衣）

值得一提的是，随着我国对中华民族传统文化的日益重视，越来越多的领域开始汲取民族民间文化元素，而在服装设计领域，民族民间元素的运用也出现了泛滥的趋势。一些设计师一味地将中国传统服装元素照搬照抄，或是嫁接在现代服装上。例如，有的设计师希望复兴汉服，在引导大众着装的时装秀上推行头戴黑布巾子、身穿宽松衣袍的宋明文人形象。虽然古代服装文化也是中国民族民间文化的重要组成部分，但随着时代的变迁和社会的发展，这种服装早已不能满足人们日常工作和生活的需要，因此这种简单直白的汉服推行方式必然是失败的。由此我们能够得到些许启示，即忽视民族民间服装背后的个性与意义，只顾形式上的再现，这种设计方式必然导致失败，更不可能做到民族民间文化的再生。

而对于那些由设计师深入解析传统民族民间文化，并结合现代审美观与价值观进行改良后的服装，则能够获得当代人的认可，并使其真正融入人们的生活。虽然有的服装具有较强的装饰性与礼仪性，不太适合日常穿着，但在一些具有民族民间色彩的节庆场合依然可以作为礼服，此类服装的设计都是十分成功的。

其实，在进行服装设计时，我们不需要太过拘谨。在细节上融入民族民间元素来进行装饰，这一手法更符合中国内敛沉稳的哲学思想。中国传统服装艺术具有重意境、重自然意蕴的特点。与中国画、中国建筑一样，其隐而不露、含蓄矜持的艺术风格也为现代民族民间风格服装的设计注入了独特的精髓。在自由发挥民族和民间元素的同时，服装设计越精细，其展现出来的韵味便越高雅；在结构与面料处理方面多下功夫，其东方韵味就越显得浓厚。由此看来，“小即是美”的原理在现代服装设计中具有一定的可实践性（图3-2-2）。尤其对于一些在服装领域不常见，但却具有浓厚的民族民间韵味的元素而言，在现代服装设计中更具开发价值，而最好的利用方式莫过于以巧妙、含蓄的手法，将其置于现代服装中不十分显眼的位置，这样一来不仅不会使人感到突兀，反而增强了民族民间元素的艺术性。此类元素如铃铛、葫芦、莲藕等。

图3-2-2　“小即是美”原理的设计

除了民族元素和民间元素共同再现，我们还可以运用现代手法，只表现一个元素的某些特征，如质地、色彩等，并利用这些特征发挥自己的创造力。例如，Roberto Cavalli和普拉达（Prada）都借鉴了中国龙的主题，以其本土元素进行创新设计。设计师赋予这一元素现代的形式感，形成具有中国品位的独特风格，同时适度加入时尚元素，让古老的韵味得以重生。

此外，民族民间文化也可以在制衣的过程中有所体现。例如，中国古代服装的制作过程与基本模式在很大程度上都来自对儒家思想的解读。早在先秦时期，深衣分为上衣、下裳两部分，象征着两仪；其中，上衣用布四幅，代表四季，而下裳用布十二幅，代表十二个月。因此，深衣代表着天道之圆融、地道之方正、人道之中和，而穿上深衣，就表示人要顺应自然之道，遵守社会法则。再比如民国时期最为流行的中山装。这种服装中不仅融合了人文社会内涵，更是政治内涵的集中体现。该种服装正面设计了四个口袋，象征中国人崇尚的礼、义、廉、耻，前襟设置五粒纽扣，代表着五权宪法学说（行政权、立法权、司法权、考试权、监察权），监察权在领口（纽扣）和内侧（口袋），则说明人民监督享有对政府的监督权利；外翻封闭式的衣领又将严谨科学的治国态度完美地展现出来；衣袋上面设计为弧形，且中间突出袋盖，从正面来看就像是笔山的形状，这充分说明国家对知识分子的重视。衣服的背部一片平整，没有缝合印记，表示国家背负着和平统一的重任。

综上所述，我们可以将民族民间文化进入现代服装设计的方式归纳为以下几点：

1.对民族民间服装元素的借鉴

（1）对民族民间服装色彩形态的创新应用。

民族民间服装的传统色彩是一种民族意识形态在色彩上的表现，是中国传统色彩体系的现实反映。从某种意义上说，色彩象征着一个民族的精神形态、文化生活状态和审美意识形态。在现代色彩科学中，人们根据不同颜色所带来的不同视觉感受和不同颜色所带来的心理感受，赋予颜色温暖、坚硬、进退、轻重等含义，即不同颜色有不同的视觉形态和精神体验。即使衣服的材质和款式相同，当使用不同的颜色时，衣服带给人的视觉感受也会截然不同。然而，服装色彩在现代服装中的象征意义已被弱化。人们可以随意搭配自己喜欢的颜色。其实，传统民族民间服装中色彩的象征意义仍然可以应用到现代服装设计中。但不可原样照抄，只有增强现代审美意识，才能赢得现代人认同与喜爱。在利用传统服装色彩原则进行现代服装设计时，可以根据每个季节流行色的趋势，有选择地提取出传统民族民间服装的特殊色彩。根据民族民间服装色彩搭配的原则，我们便可以设计出纯正时尚的传统民俗风格服装。

民族民间传统服装中所用的颜色通常是十分浓烈的，如红色、黄色、紫色等，色彩鲜艳且对比性较强。对于民间百姓而言，红色代表对太阳的崇拜，象征着勇气和热情；黄色代表神圣和责任，在古代则属于皇室专用；紫色代表古老而凝重的色彩，能够彰显高贵的社会地位。安娜·苏是著名的华裔设计师，她的服装设计作品色彩对比强烈、服装搭配丰富，并将服装风格与民族风情完美地进行结合。丰富的色彩搭配让她的作品焕发出迷人的光芒，给人视觉上带来极大的冲击和震撼。橙色与紫色、蓝色与红色、深红与深紫色的结合，展现出强烈的异国风情。

（2）民族民间服装结构形态的创新应用。

中国传统服饰在造型上多属于平面结构，主要采用直线裁剪，具有平面化结构的特色。传统民俗服饰的形态结构具有独特的功能和审美意义。这些特点在当今的服装艺术设计中经常被反复使用。首先，我们可以创新传统服装的整体轮廓。借鉴传统民族民间服装的整体结构，可以突出线条简洁、典雅、流畅的服装外形，并展现出自然和谐的现代服装魅力。因此，宽松适宜的传统民间服装造型吸引了众多西方时装设计师。通过对西方现代服装发展的研究，可以发现许多西方服装设计师对服装轮廓的灵感都来源于中国传统的宽泛民族民间服装。传统的民族民间服装简洁、宽大、流畅的轮廓，与现代人对自由、健康、舒适的追求不谋而合。当与现代服装设计相结合时，这种以线性为主的简洁明了的服装轮廓，不仅衬托了现代人的个性，也赋予了传统民间服装造型新的审美内涵。这种无结构形式的轮廓虽然与人体形态不符，但确实在服装内部形成了更为宽松的空间，并在一定程度上模糊了人、服装与自然的关系，对人文伦理道德与广阔的自然精神内涵进行再度解释。

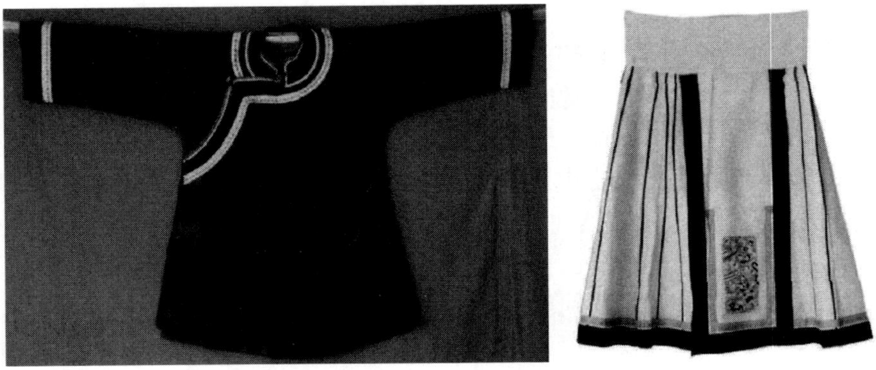

图3–2–3　汉族民间服装造型轮廓

（3）对民族民间服装图案形态的创新应用。

中国传统服装图案是国内外服装设计师喜欢使用的元素之一（图3–2–4）。他们将传统图案与现代元素相结合，给服装带来无限的创意。比如著名设计师约翰·加利亚诺，在他的设计中，往往能看到东西方服装文化的融合，他在设计和创作中也常常体现出中国传统服装元素。他常常借鉴中国元素和西方宫廷风格，给服装带来新的视觉效果。在现代设计中，将传统图案直接应用于服装难免落入俗套，但通过改进设计方法，加入一些现代设计手法和新理念，可以起到很好的衬托作用。此外，对于当代服装传统图案的借鉴与创新，还必须要考虑图案与服装的整体关系，并遵循视觉舒适原则。

在现代服装的设计中，如领口、袖、肩、前胸、后背、腰部、下摆等部位，都是很好的装饰位置，但在进行服装装饰时，要注意选择恰当的装饰图案，并注意图案与服装间的整体关系。

图3-2-4　民族民间服装图案

不仅如此，还要根据人们的传统观念，考虑服装图案与穿着者的关系。因为不同的装饰图案会形成不同的精神风貌和视觉效果，这会使人们产生不同的心理感受。比如前辈创造的许多具有招财纳福、趋吉避凶的吉祥图案，这些图案就很适合在节日礼服中应用；还有“梅兰竹菊”四君子相关的图案，这些则适合在日常服装的设计中使用。

此外，还应考虑民族民间服装元素与现代服装的结合模式。传统民间图案大多色彩对比强烈，由单一图案和连续图案组成。从本质上讲，它不符合现代服装的多色彩、多亮度、高纯度的风格要求。因此，在具有民族风格和民间风格的现代服装图案设计中，可以充分运用重复、渐变、对比等形式美原则。通过图案在服装中的位置、大小、密度和方向所形成的点、线、面、体，与服装的形状、结构和面料完美结合，进而使传统的民族民间服装风格在现代社会中得以传承（图3-2-5）。

图3-2-5　民族民间风格图案

（4）对民族民间服装工艺形态的创新应用。

民族民间服装的制作工艺对于当代服装设计来说也具有极大的参考价值（图3-2-6）。经过多年的演变，这些工艺以不同的风格和灵动的形象出现在服装设计中，并与服装的形状、款式和面料的颜色相互映衬、呼应，起到画龙点睛的作用。蜡染、刺绣、扎染等传统民族民间服装制作工艺在现代社会同样受到人们的认同和喜爱，这些具有悠久历史的传统工艺，通过其独特的形式和丰富的内涵，为现代服装增添了优雅和复古的情调（图3-2-7）。在当代，这些传统工艺往往以现代化方式展现出来。首先，它可以弥补服装大规模机械化生产的弊端，展现出机械化生产所不能达到的自然性、柔软性和亲切性。其次，传统工艺技术与现代成衣技术的融合增加了服装的附加值。传统手工艺是制作者一针一线制成的，因此其花费了更多时间和心血使之更加珍贵。

图3-2-6　民族民间服装装饰工艺

图3-2-7　民族民间服装刺绣工艺

2.注重民族民间元素与时尚元素的融合

将千变万化的时尚潮流与民族民间服饰元素相结合，是实现民族传统民俗文化现代化的必由之路。如何设计出符合当代服装市场需求的时尚传统服装，是当代设计师迫切需要解决的问题。设计师在设计服装时，可以从世界各国的文化中寻找灵感，提炼和采用能够反映当代服装设计理念的传统服装元素。现代服装的审美观念正在向多元化发展。现代服装突破了传统服装的旧体制，逐步向功能化、便携化、年轻化、民族化方向发展，呈现出面向时尚潮流和个性化的发展态势。时尚元素与传统民俗服饰文化的融合已成为当代服装设计师的重要设计方法之一。只有顺应时代审美理念，把握时代潮流，才能满足现代人对时尚美学的需求。现代服装设计理念作为一个重要的理论基础，是传统民间服装元素在当代服装设计中的重要支撑力量。因此，只有将时尚作为当代服装设计的价值取向标准，才能设计出符合现代审美标准的民族风格和民间风格的服装。

由此看来，寻找民族民间元素和时尚元素的交叉点对服装设计显得尤为重要。虽然中国的传统文化底蕴深厚、少数民族文化资源丰富，但这些融入民族民间文化的现代服装只会在个别场合穿，日常生活中人们很少穿着此类服装。主要是因为这种完整的民族民间服装早已不符合社会的需要，因此在进行民族民间风格服装的设计时，一定要摒弃民族民间的服装设计理念，将传统与时尚元素相结合。一方面，要深入分析民族民间服装的设计理念，丰富现代服装创作的主题和形式，增加服装设计中的民族民间元素；另一方面，要准确把握时尚潮流方向和市场需求，把握从传统观念向现代观念的转变，理解时尚设计理念。

3.注重民族民间服装元素与新型服装面料的结合运用

服装面料是服装表现的基本元素之一，也是反映服装外观的重要元素。服装面料的选择是决定服装造型的关键。不同的服装材料具有不同的形态特征。设计师可以根据不同的设计需要选择不同的面料，以此来展现不同的风格和效果。

（1）弹性拉伸类面料。

弹性拉伸材料是指具有良好弹性和可拉伸性的服装面料，如氨纶弹性织物、弹力提花染色织物、针织带弹性织物等。弹性拉伸材料主要用于户外运动或休闲时尚运动服的设计。这种面料制成的运动服装能够在人运动的过程中对拉伸肌肉起到保护作用，进而更好地发挥人体运动能力。

（2）厚重粗犷类面料。

厚重粗犷的面料有羊毛、亚麻、各类厚型呢等中厚型的面料，此类面料普遍具有自然的外观、舒适的手感且风格多样。羊毛和亚麻织物做的衣服十分厚重且垂感强烈，同时具有良好的弹性、抗皱性和耐磨性，且此类材料大多不容易传热和吸收水分。一般来说，深色和含蓄色彩的此类面料制作的服装能够给人一种庄重、大方和优雅的感觉。因此在采用此类面料进行民族民间风格现代服装设计时，可以多借鉴地处高原地区民族的服装风格。

（3）柔软典雅类面料。

柔软典雅的面料具有质地柔软、光泽柔和、线条柔滑、自然美观等特点，如棉、丝、雪纺面料等，这些面料质地细腻柔软，穿起来舒适性极佳。在服装设计中，简单的直线常常被用来突出人体的优美曲线。它们也常被用于优雅和宽松风格服装的设计。通常，通过叠压、压线、起皱、吊挂等工序，能够突出服装线条流畅优雅的造型特征，这些工艺在民族民间服装设计中常被采用。

（4）光泽闪亮类面料。

此类面料由于其表面光滑，反射光能力强，因而能产生华丽而夺目的视觉效果。其主要风格特点是手感柔软、晶莹剔透、色泽柔和、美观大方、高贵华丽，如常用的各类丝绸、轮廓锻造、锦缎锻造等。这种面料多用于制作各种高档时装、礼服和舞台服装，因此，民族民间服装元素可以大胆地涌入此类面料的服装设计当中。

（5）透明朦胧类面料。

此类服装材料质地薄且通透、轻薄凉爽、美观新颖，如乔其纱、锻条娟、蕾丝等，具有优雅而神秘的艺术效果，常与其他面料搭配使用，以更好地表达服装造型的完整性和面料的透明度，适合用于夏季女裙装、便装、童装等的设计。在旧社会，由于人们传统的思想相对保守，因此此类材料很少用于服装当中，而在现代服装的设计当中，此类面料搭配民族民间元素则会产生很好的视觉与艺术效果。

二、“民俗”文化进入现代服装设计——以“上海滩”品牌为例

民族民间文化元素对于服装设计而言，是一个取之不尽用之不竭的巨大资源宝库。设计师不仅能选取一些具有相关意义的图形作为现代服装的装饰，改善服装的视觉效果，还可以深挖其文化内涵，使服装本身成为弘扬这种文化的外在表现形式。但目前看来。有关传统元素与时尚结合的探索虽然屡见不鲜，这类服装很少有真正被人们接受并在日常生活中穿戴的。针对这一问题，一些学者认为，如果这些传统的民族民间元素不能以富有生命力的状态进入当代人的生活，那么它终将失去存在的意义。所以，传统民族民间服装即便蕴含着再多宝贵财富，若与现实生活脱节，便会显得单薄无力，并最终随着时间的推移走向灭亡。从某种意义上来说，时尚与传统应是互为表里的关系，也只有这样的民族民间风格现代服装，才能够带给人耳目一新之感。

因此，我们不仅可以将民族民间元素理解为服装设计的视觉符号材料，而且可以将民族民间元素视为能够反映时代特征、可作为我们文化传统进行传承的文化形象。我们现在需要的是能够立足于多元化世界的当代产品，这种当代产品的重要特征是，既能满足现代社会和人们生活的需要，又能对传统价值进行再现。只有坚持创作这样的当代产品，我们的设计之路才能越走越宽，才能真正设计出好作品。

“海派”既是上海民族民间文化的代表，又是我国近代最具活力的地方性文化之一。19世纪后期~20世纪初，由于上海独特的地理位置及发展契机，吸收了大量来自西方的文化，因而上海地方文化呈现出既有江南吴越文化的古典与精致，又有国际范儿的现代与时髦，可以说是多元开放的代名词。“上海滩”作为家喻户晓的中式服装品牌，正是以20世纪30年代海派服饰为文化卖点，营造老上海风情，后在瑞士奢侈品集团的收购战略中，逐渐迈向世界市场，与顶级品牌为列，经过转型成为全球中装第一品牌。“上海滩”紧跟世界时尚潮流，将老上海的民俗文艺与流行趋势高度糅合，聘用西方设计师对民族民间元素进行包装和改造，明确其国际定位。

对于设计师来说，要想将“上海滩”这一品牌的定位深入人心，就必须营造出良好的文化氛围。因此，当我们走进“上海滩”专卖店，便可被这种浓浓的上海滩风情感染。无论是店面的装修风格、耳旁响起的老上海歌曲、昏黄雅致的灯光、空气中弥漫着的姜花香气，还是一排排映入眼帘的中式服装，都令顾客仿佛穿越到那个独特的年代。这些都充分证明，“上海滩”不仅是拿“上海”来做卖点，许多清朝时期的元素也被利用起来，当然，这也并不牵强，民国服饰的确是从清朝中走出，同时，西风东渐尤劲的上海着实也吸收了不少西洋元素，这一点恰好迎合了品牌秉承的理念——东西合璧、传统又时髦（图3-2-8）。橱窗地板的花色与产品主题相应，也是服装宣传片拍摄所在地的地板图案，这种做法让店面和宣传浑然一体，主题也可以更好地传达给消费者。

图3-2-8　“上海滩”东西合璧、传统又时髦的服装

近年来“上海滩”的设计依旧在借鉴民族民间元素，但是其更善于站在西方人的角度去诠释中国的民俗，许多传统服装图案与西方的表现形式结合在一起，给人超级“摩登”的印象。在使用极具侨生文化特色的纹饰时，设计师通过德国表现主义和柔性立体主义等视效手法阐释主题，从而以更为“摩登”的面貌表现出来。在颜色方面，同样借鉴颇多民族民间元素，极力表现设计中的绚丽与精致。在运用符号“寿”的时候，则在立体派和艺术装饰风潮的启发下充分开发几何图样，结合出自立体派运动的包豪斯印花，将“寿”图形贯穿、隐匿于印花之下。除了形色各异的印花，在一些诸如提花等传统织物中，也能够寻找到包豪斯图案的印记。在将“铜钱”图案应用到现代服装中时，设计师对其进行了现代性转变的处理，服装上的图案犹如一堆散乱的铜钱，但却并非是写实的形象，而是将线条和色彩进行了艺术化的重组。设计师以多种蜡染印花与传统珠宝图案相融合的方法把“民俗”发挥得淋漓尽致。珠宝元素的应用显而易见，图案色彩则极具东南亚风格细密烦琐的趣味。这些存在于民间的图形被众多灵感糅合并现，从侨生文化根源、艺术装饰风潮到自然和军旅印象，一切巧妙融合，贯穿其中。

由此可见，“上海滩”之所以国际化，主要是因为“上海滩”的时装对传统进行了再运用，其运营理念很大程度上照顾到了西方市场的消费心理（图3-2-9）。所以，无论使用什么图案或款式，只要瞥一眼，便知是“上海滩”风格。这一点不仅仅体现在服装中，还体现在它的家居、饰品中。“上海滩”的睡衣系列采用交领的设计，刺绣白色绸缎，都借鉴或者直接照搬了古代服饰的样式，这种华贵又舒适的古典睡衣极受人们追捧。

图3-2-9　“上海滩”的时装

“上海滩”这一品牌一直以来都在坚持用上乘料，棉、麻、丝、毛等天然面料，“健康舒适，源于自然”是“上海滩”又一东方思想的体现。同时，“上海滩”在美观方面的努力也不容小觑，在“御尊精裁”坊，顾客可以享受由最精雅的海派缝纫技艺带来的定制服务，从而买到细致、华美、合身的支衣制品。老上海旗袍之所以如此流行，除了其外观优美外，更重要的是容易搭配。“上海滩”在旗袍制作的工艺上十分精细，因而这一品牌完全当得起“奢侈品”这一称谓。随着“上海滩”的流行，“上海风”已经逐渐成为“中国风”的重要标志。

在“中国风”受到青睐之际，“上海滩”相继推出了男装和童装系列，男装设计中除了将衬衣复兴成老上海时的中山装和长马褂样式以外，“毛式风格”也被广泛使用，红军战士的背包、军服，经过现代化的处理统统被摆上了衣架，原本在“798”常见的“闪闪的红星”居然也在“上海滩”闪耀着，这里的红星大都温顺而朴实地闪耀在小钱包、钥匙环、包链上，乖巧可爱得很。

“上海滩”设计的童装包含民族元素，但其款式则呈现出更多的西方特色。例如，有一款童装在左袖上印有龙的图案，右袖则印有虎纹，背后则印成吉思汗射大雕的图案，而胸前则印着“Shanghai Tang”的标识。这种设计往往不被认为有品位，所以，这种休闲服饰在中国的市场很有限，但许多外国人对这种装饰极其狂热，甚至有收集癖。还有的小洋装以国宝形象为主，精致美好，服装上面的汉字在娱乐小朋友的同时更在强调中国味道。

“上海滩”的配饰系列也具有鲜明的民族风格，其中，手表多为桃红色配黄绿色，用色相对保守高级，而在表盘上装饰“寿”字图案，象征时间永恒，取意佩戴者长寿平安。腰带的包装盒也有值得注意的细节，盒盖上的窗格装饰特别精致可爱，窗格的大小非常合适，窗纸似乎还很透明；红黑的格子密密麻麻，还带一点东方红木的古朴吉祥。总而言之，这种设计凸显了中国人勤劳朴实、谦逊平和的品格和趋吉避凶的思想，是中国人精神世界在现代产品中的再现。

纵观“上海滩”所有的产品设计可以发现，它想“掏空一切来表现”，生怕错失它的任何一点儿精彩，它拒绝内敛，爱表现的气质是那么的欧化，尽管它细密拥挤，尽管它的民俗元素多到目不暇接（图3-2-10）。但同时，它也利用这些古香古色的民俗来唤醒中国人的记忆，利用这份真挚的“怀旧”赚钱。正因如此，业界对“上海滩”的评论总是褒贬不一。有人认为国外的设计师由于从小并未受到中国文化的熏陶，因而其设计只是流于表面，无法深刻展现出中国文化的内涵。但有些人则认为，外国设计师对中国元素的运用恰好能够展现出局外人眼中的中国，这便是中国在世界眼中的形象。而对于全世界人来说，这种由“局外人”塑造的中国文化形象，才更能获得国际市场的认可。事实也正是如此。但是，其所发扬的未必是地道的“中国民间精神”，而这种争议性让“上海滩”必定备受关注。

图3-2-10　“上海滩”的设计十分欧化

“上海滩”的经验告诉我们，首先，“中国风”这个词语不属于本土，而是存在于那些欧美人的视角中，从14世纪起，西方人就发现了东方元素的美并开始仿造，“中国风”便是欧美人按照自己对于东方风土人情的理解所造就的一种装饰风格。换句话说，所谓的“中国风”实际反映了西方人对东方艺术的理解，掺杂着西方传统的审美情趣。因此，对中国元素的应用无须完全参透中国文化，更不需要从小接受中国文化的熏陶。尤其是当今时代，中国文化要走出国门，其受众中绝大多数是毫无中国传统文化根基的外国人，所以，或许这些相对简单易懂的设计方式更容易被他们接受。况且“中国风”的利用开拓了时尚设计的新天地，加速了东西文化交流，同时也造就了商业价值。所以“上海滩”正是“中国风”的产物。

其次，之所以是“大上海的民俗味”是因为“上海滩”抓住了那些有代表性的小元素来吸引眼球，利用这些民俗的小趣味重燃中国人的恋旧心和西方人的好奇心。虽然“上海滩”带向世界时尚舞台的主要是中国的“民俗”，但是以此吸引人们更多地了解中国文化却是可能的。

三、民间生肖作为时装的元素

在全球化的过程中，追求设计本土化是设计界的普遍共识。作为中国风里的一个派系，以中国代表性的十二生肖为设计灵感，注定能够成为震撼当今时尚界的文化力量。生肖，作为民族民间文化载体有其特殊优势——较少地附着沉重的民族意识，比较容易获得感性认同，亲和力强、传播基调轻松等，所以每年春节大家都热衷于“生肖”的话题。当代的服装设计师在探索与生肖民俗符号相关的内容与形式的同时，还要思考这些民俗符号如何在现代生活中传播，也就是说要研究生肖文化的现代表达方式。正如吴海燕教授所说：“中国的传统文化和手工技艺是中国设计的重要源泉和精神回望，我们需要从现代设计的角度入手，为中国传统的传承和当下的东方式生活经验寻找一个新的观察视角。”时至今日，民俗生肖的传统艺术形式正在与现代生活、现代设计的审美观形成全面碰撞和微妙的重新嫁接，必然引起设计界的密切关注。当生肖文化跨越千百年后在现代人的生活中重生，原来的生肖艺术形式与形象便会发生改变。设计师将生肖元素带入时尚界，为生肖艺术开拓了更广阔的天地。

为了使生肖元素在服装设计中成为中国形象的一种表述，我们需要置身于传统与流行、本土与国际之间，坚守生肖这一民间民俗文化的审美趣味，以生肖图形为卖点，营造干支纪年呈现的神秘风情，并对生肖中的动物图形和文字图形进行全新的包装和改造，以现代设计方式，更加明确国际定位。在服装款式紧跟世界时尚潮流的同时，将生肖元素与国际T台大热的流行趋势相结合，这一糅合的传播方式源于对中国文化的自信。

如图3-2-11所示，这是一组男士衬衫刺绣设计。该纹样融合了多种造型元素，并将多种动物的轮廓进行了变形和象征化处理，使得图案呈现出现代主义风格。但只要能分辨出贯穿隐匿于刺绣之中的动物组合，便知是“生肖”。生肖“两两相对”“六道轮回”寓意的应用显而易见，图案格局也极具装饰艺术风潮，风格细密烦琐的图案与小立领衬衫的修身感形成呼应，配上更显中国味的连袖，让服装看上去很“中国”，但又不是古代中国的翻版，时尚与传统兼备。相比而言，图3-2-12这两组男衬衫则延续了更为具象的生肖纹样。其主要图案是由地支“寅”和老虎组成，通过刺绣工艺，将其装饰于衬衫的后颈部位。而“辰龙”主题的衬衫设计则是采用了中国的古典团龙纹样，并将其以刺绣或数码印染的工艺手法装饰在胸前位置。龙纹图案的表现形式十分多样，常见的有“坐龙团”“升龙团”“降龙团”等。团龙的圆边还装饰有水波、如意、草龙等图案。作为明清两代等级最高的装饰图案，曾是权势、高贵、尊荣的象征，又有攘除灾难、带来吉祥的寓意。衬衫上的团龙图案面积虽然铺陈较大，但低调的用色在设计上更含蓄，不外露，同时也达到了吸引人的效果。

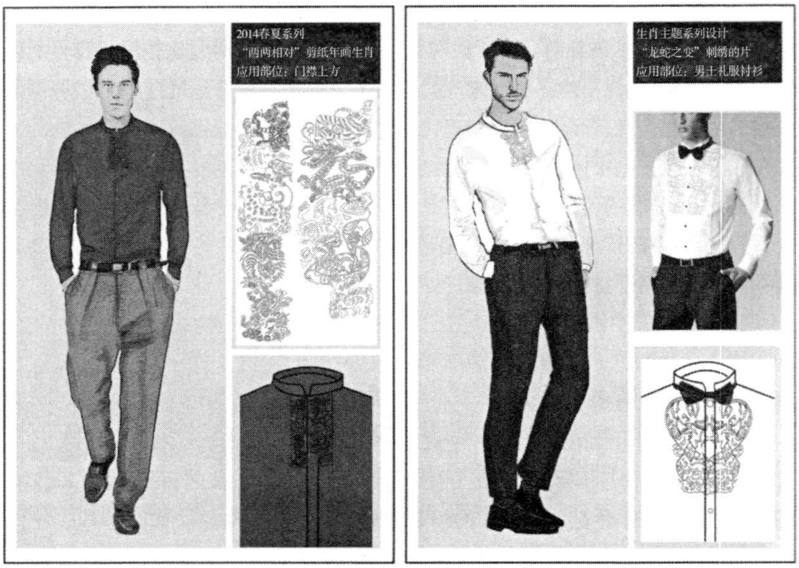

图3-2-11　生肖主题衬衫的刺绣设计

“辰龙”是十二生肖中最具卖点的形象，尤其在国际市场上，龙纹一直都是中国独一无二的象征。图3-2-12男衬衫后颈的“寅虎”刺绣设计；男衬衫前身的“辰龙”刺绣设计文化的“象征性”，把动物赋予品格，用大家略微陌生的元素搭配富含深意的解释来吸引人，同时也可以利用这些古香古色的趣味唤醒中国人的记忆。

图3-2-12　生肖主题衬衫的刺绣设计

第三节　融入民族民间文化的现代服装设计程序

任何时候，服装的设计都是以人体为基本对象的，而融入民族民间文化的现代服装设计则在材料表现、技法塑形的基础上，更注重文化意蕴的注入和解读，不仅是设计理念的表达，更是艺术表现手法的创新。设计的过程是将民族服饰语言时尚化的创作过程，设计程序包括设计定位、制作调研手册、构思设计和设计方案等，即根据设计对象的要求进行构思，并绘制出效果图、平面图，再根据图纸进行制作，直至完成最终设计。

款式、色彩、材料是服装设计的主要因素，因此融入民族民间文化的服装设计必须从这三个因素入手，凸显出民族民间文化。通过学习相关的民族民间文化知识，能够激发设计师的创作灵感，并综合传统和现代的设计手法，探索符合当下时尚审美的现代服装形式。服装款式包括服装的外部轮廓造型和内部结构。前者即人体着装后的正面或侧面的剪影，也称为服装廓型，能够充分展示服装的整体大效果，使人忽视局部细节和复杂结构而获得深刻的第一印象。新颖的服装廓型，能体现当时社会的审美观和时代感，经典的服装廓型则历经多年而一直被人们传承。服装廓型是服装的总体框架，是服装设计的首要部分，其设计与构思常常成为时装设计创新的关键。所以在多数情况下，许多设计师先从服装的外轮廓造型人手，在确定服装廓型和具体款式之后再考虑色彩和面料（图3–3–1）。

图3–3–1　经典廓型旗袍的运用（刘洋）

服装色彩与服装廓型同样重要，尤其对于消费者来说，时尚美观的色彩能够直接吸引消费者的目光，在这方面的作用甚至比服装廓型还要强。服装的色彩对着装者形象的美化具有十分重要的作用，同种款式，不同的颜色，在同一着装者身上可能展示完全不同的效果。而民族民间风格的服装往往又呈现出色彩搭配丰富的特征，因此着装对象因素是此类服装设计的构思过程中必须考虑的问题，如形体、肤色、年龄、气质、个性特征等。服装色彩的载体是服装材料，所以色彩与材料是紧密相关的统一体。依附于不同的服装面料，服装会产生各具特性的色彩情感，面料的性能、美感决定了色彩的审美。服装色彩又受款式的制约，必须与服装款式进行整体思考。服装色彩方案的产生取决于对服装整体风格的构思，一般包括基调色、辅助色、强调色。

此外，服装材料对色彩的表现和服装款式的表现有很大影响。设计者要想把脑海中设想的服装效果展示出来，就必须在服装选材上下功夫。通常，设计师要从选择纱线开始，除了将服装面料与色彩搭配协调外，还要通过揉搓、抽纱、折叠、植入其他材料等方法，将一般的面料进行加工和升级，创造出独特的质感和细节，产生新的触感肌理，给人以新的视觉、心理感受，使该面料能够更好地服务色彩和款式的表现。

一、设计目标与定位

任何设计都是根据一定的目的而进行的。服装设计的目的，来自人们对服装的具体要求，如服装公司的品牌服装设计要与顾客群的需求吻合，各类服装比赛有不同的选拔标准，为个人定制服装要满足个人的具体要求，为文艺演出或节日游行人员定制服装要考虑场合的限制，为工厂企业或服务行业设计职业服装要符合其整体形象要求等。服装设计者根据这些目的制定设计任务，进行构思创作，选择相应的材料制作成品。为此，可以将服装设计分为成衣设计、时装设计、定制设计等，各类设计根据消费者的不同类型有着不同的设计目标和定位。

民族民间服装元素的内容丰富多彩，内涵博大精深。因此此类现代服装设计可以全方位、多角度地提取民族民间服装元素进行创新设计，将民族民间服装的纹样、图案、线条、外观、选色等与新型面料相结合，对民族民间服装的原始形象进行提炼和再设计，使之更符合现代人的审美观。

（一）民族民间风格现代服装的成衣

成衣是指按照一定规格、号型标准成批量生产的成品衣服（图3-3-2、

图3-3-3）。与根据测量人体尺寸裁衣制作的定制和自制服装不同，成衣是在机械化生产的过程中诞生的产品，因此具有产品规模系列化、质量标准化的特点，批量化生产模式也符合服装企业的经济原则。成衣适合流水线生产，通常其生产程序相对较少且装饰简单，这样能够降低企业生产成本。所以，从设计风格和制作工艺方面来看，成衣与定制服装和时装有着很大区别。民族民间风格服装的成衣要根据不同的目标人群与穿着功能等进行具体定位，同时要兼顾受众对时尚的需求，要考虑其年龄、兴趣爱好、外貌特征、经济能力等因素，经过成本核算，最终制定合理的市场价格。近几年，民族民间风格服装成衣品牌不断发展，如擅长用丝、麻、棉、毛等天然材料演绎平和、健康、美丽的中国女性形象的“天意”；体现浓郁东方色彩与时尚西方元素之间交集荟萃的“渔”等。这些日趋成熟的民族品牌不仅打造着具有浓郁民族特色的都市休闲女性形象，表达中国风格与韵味，同时也使中国传统文化得以传承与创新。

图3-3-2　Christian Dior成衣

图3-3-3　Chanel成衣

（二）民族民间风格时装设计

民族民间风格时装是与时代审美同步或超前、小批量（有时甚至是单件）生产的小众服装，具有很强的时效性和适时性，是极富创意的服装设计作品。近年来，民族民间元素一直都是各国时装设计师十分钟爱的设计题材和风格元素。时装设计师对于时尚感觉敏锐，他们将感受到的信息以独特的设计手法融入自己的作品中，每年通过发布会向人们表达设计理念和对时尚流行的预测，堪称时尚的先驱（图3–3–4、图3–3–5）。

图3–3–4　Balenciaga时装

图3–3–5　Vivienne Westwood时装

民族民间风格时装设计更多是为了展现出与现代都市相比完全不同的新奇的创意，为了将心中的民族民间服装样式尽可能地转化为现实，设计师往往不计成本，尽可能运用更高级的工艺进行制作。时装更能够凸显出设计师的个性风格，在款式、造型、色彩、纹样、缀饰等方面的创意都让人耳目一新，是设计师设计水平和审美能力的完美体现。而其作品则体现着当代人渴望回归自然、返璞归真，渴望重拾传统，回归原始、回归民俗的追求。

（三）民族民间风格的定制服装

定制服装是根据客户的要求为个人量体裁衣，再根据尺寸定做的服装，可以是为个人设计并制作的单件套服装，也可以是为团体设计制作的批量服装。为团体设计制作的批量服装一般包括为工厂企业或服务行业设计职业服装，为舞台演出、影视剧或某个节日批量设计制作的表演服装等（图3–3–6）。为个人设计并制作的单件套服装又分为一般定制和高级定制

（图3-3-7）。我国一度盛行价格低廉的生活服装，随着社会的发展，越来越多的人开始关注高级定制，高级定制通常服务于节目主持人、演唱会、颁奖典礼等。随着我国对中华优秀传统文化的日益重视，如今各种正式场合中，对具有民族民间风格的礼服需求量越来越大。这也为中国服装设计师提供了更多展示才华的机会。

图3-3-6　民族舞蹈服装

图3-3-7　高级时装

在此类定制服装中，设计师可以更大胆地进行传统文化的融入和应用。而传统文化在现代定制服装中的回归，也能够使民间传统服装文化中蕴含的传统意义浮现出来。也正因此，许多成功的服装设计作品都从民间传统服装中获取灵感。

例如，北京奥运会以“科技奥运、绿色奥运、人文奥运”为基本理念，因此奥运会中出现的服装设计，也对这一理念进行了完美的诠释。尤其是“人文”色彩浓厚。通过对奥运服装设计的观察，我们可以深刻地感受到它的民族性、世界性和时尚性。通过这些服装设计作品，不仅帮助全世界人民更进一步地了解中国文化，更提高了中国文化在世界人民眼中的地位。

如图3-3-8所示，该系列设计是2008年北京奥运会的颁奖礼服，共有五种不同的风格，每种风格皆取材于中国传统的民间文化，并将其与现代性服装紧密结合。

第一种风格的灵感来源于中国的“青花瓷”文化。瓷器可谓是中国的象征和代名词，因此将传统的青花瓷文化融入礼服的设计，能够增强该服装的文化标示性。

图3-3-8 “青花瓷”系列

在这件礼服中，中国传统刺绣方式的运用形象真切地再现了青花瓷的色彩晕染效果。这一民间传统文化元素的运用加上鱼尾裙的廓型设计凸显了中国女性的柔美曲线。

第二种是“宝蓝”系列礼服设计。该礼服采用宝石蓝色作为主色调，整件服装看上去高贵典雅，能够将中国女性含蓄优雅的个性美充分展现出来（图3-3-9）。礼服的腰部采用传统盘金绣手法制作成精美的腰封，纹样则选用最具中国传统文化审美情趣的吉祥纹饰——江山海牙纹、牡丹花纹，这些中国民间传统的吉祥纹样，来自历代人民群众长期生活经验的积累，是民间百姓智慧的结晶，更寄托着他们对生活的美好祈愿。由此看来，这件礼服的设计可谓是中国民间传统文化融入现代服装设计的典型代表。

图3-3-9 “宝蓝”系列

第三种是“国槐绿”系列。该系列的礼服整体采用绸缎面料制作而成。光滑柔顺的绸缎使礼服整体显得光辉夺目，同时绿色又寓意朝气蓬勃和松柏般顽强的生命力（图3-3-10）。在绿色的底色上，又以立体银线绣制了富贵吉祥牡丹和契合女性柔美曲线的卷曲花卉纹饰，借用牡丹富贵荣华的寓意，体现中国发展日新月异，又借用卷曲花卉纹饰将女性柔美曲线生动地刻画出来，使得女性穿上这件礼服后，不仅展现出符合现代人审美的曲线美身材，又蕴含着浓浓的东方女性恬静温和的气质。

图3-3-10 “国槐绿”系列

第四种是“玉脂白”系列。众所周知，中国自古以来都对玉石情有独钟。因而民间也有“人养玉、玉养人”的说法，因此古代民间男子多有佩戴玉佩的习惯，而民间女子则多佩戴玉镯、玉簪花。而民间女子到了出嫁的年龄，家中的母亲在为女儿置办嫁妆时，一定会添上几件玉器，寓意女儿婚后生活幸福如意，即便是清苦人家，也至少为女儿准备一对玉镯。因此，玉器文化早已在中国民间百姓中扎根，因而玉器文化也是中国民间文化的重要组成部分之一。再来分析“玉脂白”系列的礼服设计（图3-3-11），我们能够发现该服装设计就是将玉文化作为视觉表现的主题。

图3-3-11 “玉脂白”系列

该风格的礼服与奥运奖牌金镶玉的设计遥相呼应。丝绸面料的牙白色底色使该件礼服看起来犹如一块无瑕美玉，而绿色的装饰在牙白色丝绸中的设计可谓若隐若现，犹如翡翠点缀其中。此外，还借助了旗袍的外观风格和刺绣腰封及玉佩的设计，更是直接点明了服装的设计主题，鲜明地突出了中国女性内敛、含蓄的特质。

第五种是“粉红色”系列设计，该种设计采用了民间传统纹样中的宝相花纹样作为腰部的装饰，因而宝相花的文化寓意完美地展现在这件礼服当中。宝相花又称宝仙花、宝莲花，是中国传统吉祥纹样之一，也是民间文化中的吉祥三宝之一，盛行于中国隋唐时期。后来民间在各种寓意吉祥的场合中，都有应用，尤其在金银器、敦煌图案、民间石刻、民间织物、民间刺绣等方面最为常见。相传它是一种寓有“宝”“仙”之意的装饰图案。纹饰构成，一般以某种花卉（如牡丹、莲花）为主体，中间镶嵌着形状不同、大小粗细有别的其他花叶。尤其在花蕊和花瓣基部，用圆珠做规则排列，像闪闪发光的宝珠，加以多层次退晕色，显得富丽、珍贵，故名“宝相花”（图3-3-12）。

再来看这件礼服的设计，粉色的面料上采用传统盘金绣工艺绣上宝相花纹样，并以此分割出完美的人体比例。服装领部的设计突出了颈部的完美线条，整件礼服既寓意吉祥富贵，又尽显中国女性的高贵气质。

图3-3-12　“粉红色”系列

二、民族民间服装相关的调研工作

在明确设计目的后，便进入调研阶段，广泛收集与主题有关的图片、文字资料，将收集到的资料进行汇总，制作调研手册。调研主要是对民族服饰的式样、色彩、材料三大要素进行归纳，对一些精彩细节着重分析，包括服装局部的造型结构、刺绣图案、独特的配色、特殊工艺处理等。调研手册既是为了后面将要进行的构思设计做好铺垫，也是为长期从事设计工作所做的必要的设计素材的积累。

当资料收集到手后，要进行筛选，将有利用价值的资料收入调研手册，并对其进行分类。通过翻阅调研手册，能够启发设计师的灵感。对于创意设计而言，比较常用的方法是制作创意板，将照片、图片、面料小样、手绘、文字等资料概括、提炼、拼贴在同一张图中，按照自己的审美喜好排列顺序，组合图片的大小等，使构图不仅能够体现自己的个性风格，表达自己对主题的独特阐释，还能进一步激发设计灵感和创作欲望。

三、构思民族民间风格设计

设计的最初阶段就是构思，在设计师找到设计灵感，并收集齐创作素材之后，就可以开始进行服装的整体构思了。构思是围绕款式、色彩、面料三要素进行的多方位思考，是非常感性的，开始可能是纷杂的、无序的、非常模糊的，随着构思的深入，思路慢慢变得清晰，进而对穿着效果和成本有了理性的思考。

（一）草图构思与方案确立

在构思过程中，要时刻记录自己各种细微的想法，创意笔记可以采用草图的形式，如果害怕来不及记录或不方便详细记录，可以通过涂鸦的形式先进行大体记录，待有时间时再认真推敲、重新整理。在绘制草图的过程中，要有意识地不断清晰设计目标与表现重点。

例如，首先设计师要考虑通过何种手段将民族民间文化元素融入现代服装设计。通常常见的手段除了借鉴民族民间服装的纹样、图案、色彩、面料、服装形制等之外，还可以通过总结民族民间服装文化、民族历史文化、民间社会文化，以表意、突出“韵味”的方式，将民族民间文化注入现代服装设计当中。

事实上，草图要经过几遍甚至几十遍的筛选，因为最初记录的草图是凌乱的，不完整的，经过比较、选择后才能得到完整的设计。如此经过多次修改后，才能得到较为成熟的构思设计草图（图3–3–13）。

图3–3–13　构思设计草图（吴亚丽）

（二）民族民间风格服装的材料选择

决定设计成败的因素众多，其中，材料的选择则可以说是非常重要的因素之一。材料不仅影响了服装的穿着体验和功能特性，更对其造型、色彩、纹样等视觉效果的展示有着决定性作用。通常，传统的民族民间服装材料多不适合现代人的穿着需求，也不能够满足现代人的审美需求。所以在现代服装设计中，多采用现代服装材料，或将其与传统材料相结合，以现代新型服装材料为主，辅以传统服装材料进行装饰点缀，这样能够保证将设想中的服装造型更为准确地表现出来。

此外，材料的选择在很大程度上影响着服装的实用性和市场营销。例如，硬挺面料便于服装廓型的塑造，丝绸、纱料则容易表现飘逸观感。此外，现代科技发展对服装行业有着极深的影响，对于服装本身而言，主要表现在对天然材料性能的优化和改造，人造服装材料的开发运用以及染色处理上，要使艺术与技术前所未有地结合在一起，如采用新兴的数码印染技术，表现层次丰富、形象逼真的色彩图案。所以，对于民族民间风格的现代服装而言，材料的选择要根据服装的使用场合和功能来决定。如果以日常服装为设计目标，则要考虑到服装的舒适性与便捷性，此时便要适当牺牲对民族民间风格造型的塑造，并选择色彩情感表达较为含蓄的色彩搭配方案。而如果是定制服装或时装的设计，则可大胆选择各种材料进行组合搭配，力求突出鲜明的民族民间风格（图3–3–14、图3–3–15）。

图3–3–14　硬挺面料服装廓型塑造

图3–3–15　民族风格时装设计

四、民族民间风格服装的设计方案

民族民间风格服装的设计方案主要包括彩色服装效果图、构思设计说明、黑白平面服装正背面款式图、所需面料小样、细节展示和工艺说明几个方面的内容，是设计构思的最终演绎和完美表达。

（一）绘制民族民间风格服装效果图

服装效果图是整个服装设计完整效果的模拟展示。其内容是对服装设计的全过程进行记录和表达，包括最初灵感闪现、构思设计、精加工、趋于成熟等过程。为此，民族民间风格服装效果图在表现包括服装的式样、结构、面料质地、色彩等最基本因素的基础上，还应当根据所设计服装的主题进行民族民间风格的细致刻画和表达。

此外，对于民族民间风格现代服装设计而言，在借鉴传统民族民间服装外观造型的同时，也要注意人体比例问题，由于效果图表现的是一种经过艺术处理后的氛围，所以可以采取写实和夸张两种方法，即普通的七头身比例或者夸张的八头身以上的比例。

手绘和计算机绘画是目前服装设计师们最常用的两种服装效果图表现方式。无论哪一种方式，都要先用线描的方式，对服装的整体特征进行精炼而概括地表达。进一步要求为能够生动地表现衣纹、衣褶的变化，若能根据不同服装表现不同的线条风格更佳。手绘的设色可以采用水粉颜料、水彩颜料、色彩铅笔、麦克笔等。计算机绘画一般采用Photoshop、Illustrator等软件（图3-3-16~图3-3-20）。无论是手绘还是计算机绘画，其设色的主要目的是表现服装材料的色彩和质感。对于民族民间风格现代服装而言，色彩和质感是表现其风格特色的重要手段。例如，鲜艳的民族风格色彩搭配法则、褶皱、扎染、流苏、刺绣等服装装饰等。其绘制手法主要有平涂法、省略法、晕染法等。绘制的效果图，服装款式、细节表达要清晰、完美，服装材料的色彩质地表达要准确，以便于制板师了解设计意图，从而准确制板。

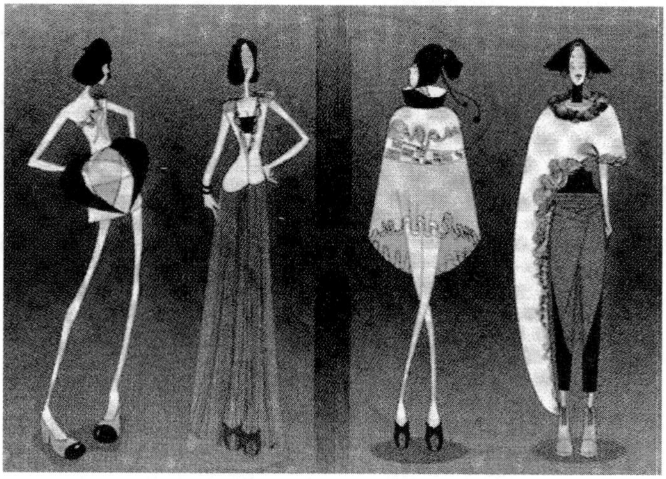

图3-3-16　夸张手法效果图（杜小沛）

图3-3-17　平涂设色法（高思圆）

图3-3-18　省略设色法（来雨晴）

图3-3-19　晕染设色法（陈添杰）

图3-3-20　简单快捷的效果图（李露）

（二）绘制民族民间风格服装款式图

服装的平面展示图也称为服装款式图，这种图示的优点是，能够对效果图中模糊的部位进行更为清晰具体的刻画，通常多用来补充效果图中缺失的内容或尚未精细设计的内容，以此来制板和指导生产。民族民间风格服装的款式图能够将效果图中模糊的细节造型进行更深入地刻画，突出民族民间图案、纹样等的细节工艺处理手法，进而为生产提供指导。因此，款式图不绘制人体，只绘制单件服装的正面和背面图，以工整的线描绘制服装的外轮廓、内部构造、细节、零部件等，目的是便于制板师清楚地了解民族民间风格服装独特的样式，以便打板、制作的顺利进行。款式图的线条要流畅整洁，各部位比例形态要符合服装的尺寸规格，绘制规范，不上色彩，不表现面料质地，不画阴影、衣纹，没有渲染艺术效果。由于款式图是用于制板和指导生产，所以，除绘制服装款式外，还需要附加设计说明。设计说明往往根据不同的服装有所差异，对于一些实用性较强的民族民间风格现代服装而言，说明可适当偏向功能性，而对于审美功能较强的服装而言，则要清晰地表达设计的思路，对该服装中民族民间文化的解释、民族民间元素的来源，希望通过该作品来表达的民族民间文化核心内涵，需要特别突出的民族民间服装工艺要点等。此外还包括必要的工艺说明，对板型宽松度的描述，贴面料和辅料小样，标注色号，对配件的选用要求以及装饰方面的具体问题等，最好能提供基本打版尺寸，或者是对适用对象的必要描述，如年龄、使用场合、穿着时间等。这种方式多用于服装比赛设计说明或单件服装设计说明，而针对品牌的宣传，需要以图文并茂的方式表达品牌的设计理念、设计风格等（图3–3–21）。

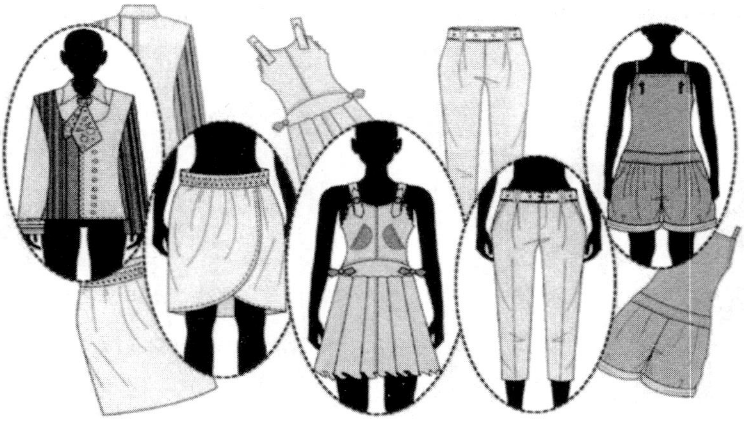

图3–3–21　正背面款式图（宋玉华）

五、民族民间风格服装设计与应用——以民族民间风格现代扎染成衣为例

现代民族民间扎染成衣设计方法可归纳为以下几点，这些设计方法与其他成衣设计方法有许多相似之处，但现代扎染成衣有其自身的许多技术特点和制约因素。所以这些设计方法都是在了解其技术因素的基础上总结出来的，因此具有较强的针对性。

（一）工艺设计法

工艺设计法是以现代扎染服装的工艺性能和工艺特点为特色的一种现代服装设计方法。在风格方面，这种设计方法不会做太多的工作，但却十分关注扎染的织物效果和扎染颜色变化的多样性。这种设计在现代扎染服装中应用最为广泛。

单种工艺手法的运用是指成衣上只采用吊染、浸染、注染等单一的现代扎染工艺，具有工艺稳定性高、价格低廉的特点。因此，此类手法非常适合进行大批量的服装生产。现代扎染工艺的艺术表达方式十分多样，因此设计师往往喜欢将多种手法进行结合，这样不仅能够增加成衣外观的独特性与丰富性，还能够帮助设计师突出民族民间风格的主题。例如，吊染工艺加扎皱、段染加吊染工艺、乱花工艺加上段染工艺等，这种工艺方法可以创造出丰富的成衣视觉效果，但价格相对较高，因此主要被用于高档成衣的设计中（图3-3-22）。

图3-3-22　现代扎染成衣

（二）风格设计法

现代扎染服装的设计，在造型款式设计、色彩变化及扎染工艺的创新应用等方面，都力求建立一种清晰的服装风格。比如，首先要确定成衣的设计是民族民间风格的，然后成衣的设计风格和使用的色彩及扎染工艺要一致。成衣的所有工艺、款式和颜色之间要能够相互协调。

要在现代服装中体现民族民间风格，就要摒弃传统民族民间服装中一些拖沓陈旧的结构、色彩和装饰形式。我们可以用传统的技术和美学思想来设计新的造型和装饰方式，并使用具有象征意义的民族民间色彩体系，以此来强化服装的风格性与装饰感。但通过此种方式创造出来的服装，往往独特新颖，因此多为礼服、演出类服装，销售量较少，且购买者穿着机会少。要想设计出更适于人们日常穿着的现代扎染服装，就必须在整体风格造型上作简化处理，并对传统民族民间服装的款式、色彩、局部装饰等方面进行改造，用成衣语言表达民族民间风格（图3-3-23）。

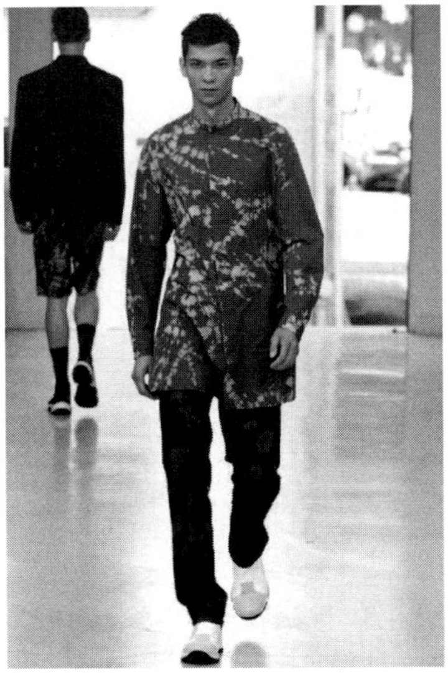

图3-3-23　民族风格现代扎染成衣

（三）变换设计法

现代民族民间风格扎染服装由设计、材料、工艺三要素构成。因此，改变设计方法在当前扎染服装成衣中的应用可以从这三个方面开始，也就是说，可以对服装中的织物、辅助材料或颜色进行调整。例如，在运用传统民间扎染工艺时，可以搭配现代前卫的服装造型和线条造型，这样一来，浓厚的民族民间风韵与现代元素之间会形成鲜明对比，从而突出现代服装的民族民间装饰亮点。此外，还可以把现代扎染工艺处理的面料与其他民族民间图案、纹样或民族民间风格花型的面料进行相拼混合设计，通过这种手法能够将扎染工艺与当前最为流行的新型服装面料相结合，从而创造出一种独具风韵的崭新风格，这种风格既是对传统民族民间服装文化的继承，又是新时代对服装设计的创新。变换设计法还可以具体分为以下三种：

1.变换设计

设计的方向直接对最终结果起着决定性作用，因此将服装的轮廓造型、色彩、装饰细节进行改变，便能够诞生新的服装风格。例如，一件成衣选用现代化的款式线型和色彩搭配方法，在此基础上点缀传统的扎染纹样，这样设计出来的服装不仅与传统扎染服装展现出的视觉效果完全不同，因其现代化的款式，还能够被当代人广泛接受。

2.变换材料

变换材料指的是改变原有服装的面料或辅料。服装材料的改变将直接影响到服装呈现出的风格效果。同样都是采用扎染技术进行处理，但由于原材料的不同，扎染出的效果也完全不同。因此，采用一些现代新型面料进行扎染处理，便可呈现出时尚前卫的风格特色。

3.变换工艺

这里讲的“工艺”，不仅指服装的结构和制作工艺，还包括变换现代扎染成衣所特有的现代扎染工艺。比如，当我们要设计一款融合传统民族民间扎染风格的现代西装时，可以在普通西装样式的基础上，通过改变造型结构或制作工艺或选用现代扎染工艺进行成衣，这样最终得到的西装设计便会与普通西装风格完全不同。

第四章　民族民间文化在现代服装设计中的创意生成

本章研究服装创意理论，首先阐述了创意概念的产生与发展过程，并从中发现创意的一般规律及本质要素，在此基础上明确创意理论的研究方向，为本阶段的研究工作理清思路。

第一节　现代服装创意的理论基础与生成机制

詹姆斯·韦伯·扬将创意定义为“完全是把原来的许多旧有要素进行新的组合”，这一定义在当时无疑是具有一定先进性与现代性的。但如今来看，已经无法概括创意的全部内涵。当今社会为设计的发展提供了机遇，因此创意概念的意义空间也逐渐得到拓展。尤其是近年来，广大消费者日益关注产品的精神内涵，产品创意的价值不断攀升。

一、创意概念的内涵

在现代设计中，创意概念的意义空间早已突破了韦伯·扬所谓“旧要素新组合”的传统局限，扩展到了艺术与科学、物质与精神、感性与理性等众多结构、工艺等技术因素的综合论证。创意方案是对服装的形式与功能、实用与审美、社会效益与经济效益的统筹兼顾，而不是对艺术或技术的片面追求。虽然创意有时候表现为某些千奇百怪的“点子”，但仅凭这些散乱无序的“点子”是不能构成完整创意的，只有将若干“点子”梳理成一条系统的思路，才能够形成整体性创意方案。但人们往往更倾向于认为创意来源于灵感，认为创意的诞生离不开偶然性，是一种非理性的活动。然而，虽然创意的诞生看似是一瞬间完成的，但要促成这一瞬间，则必须经过大量的积累。正如看见苹果从树上落下者有千千万万，但由此想到"万有引力定律"者则只有牛顿一人。现代思维科学为此也做了大量研究。结果表明，灵感是在人脑意识层面积聚了大量信息的前提下，由于受到某种情绪的推动或某种外界因素的诱发，促使长期思考的各种信息得以重新组合，从而在瞬间形成一种创造性构想的心理现象。在由信息到灵感的孕育过程中，没有感性观察就不可能发现外界事物的种种诱因，而离开了理性的捕捉与判断，各种诱发因素也不会自发地上升为灵感，所以创意对于设计者而言，是感性思维与理性思维交互作用的过程，灵感只不过是这一过程中出现的偶发现象而已。

二、民族民间传统文化在现代服装创意中的作用

（一）继承民族民间服装文化传统

设计师非常重视不同文化间的交流和借鉴，特别是在当今时代，最重要的是弘扬我国的传统文化。因为优秀设计理念的诞生是建立在传统文化的基础上的，所以服装创意设计的发展也是如此。以传统文化为基础，设计与文化密不可分，也可以说设计不仅为人类创造了新的物质生活方式，也创造了新的文化。我国传统的民族民间服装形式多样、题材丰富、内涵深刻，且每种题材都具有悠久的历史背景。因此其本身就是其他艺术形式不可替代的。民间服装文化的本质是一个族群长期生存的经验积累，因此从某种意义上讲，也是人类社会生存的经验积累。所以，民间传统服装文化本质上是完全可以被现代人接受的，也能够通过这种民间传统的形式，传达出现代人的设计理念。

民间传统服饰文化以其独特的中国艺术语言被现代服饰艺术所接受。它超越时代的审美和直观的象征手法，符合人们追求美好生活的愿望与崇高精神境界的理想。丰富的审美内涵和跨时代的元素为现代服装艺术提供了取之不尽的灵感，极大地丰富了现代服装艺术，使现代服装设计充满了新的艺术魅力。另外，民族民间传统服饰文化中所体现的亲近自然的思想和情感，即"天人合一"的思想，可以使现代服装设计更具人文关怀和亲和力。中国现代服装创意设计是民族文化创新发展的重要组成部分，因此这要求现代服装既要有高品位的民族文化内涵，又要符合世界服装设计的发展潮流。民间传统服饰文化表达了幸福、积极的生活态度和追求和谐的思想境界，融合了吉祥的内容和优美的形式，赋予了服装创意设计更多的精神内涵。现代服装的创意设计，对民间传统服装文化的借鉴和传承，必将使现代服装充满无穷的魅力，并能展现丰富多彩的民间传统文化和艺术成就。

（二）在继承中寻求发展

民族个性与全人类的共性并不冲突，一直以来，人们都以民族个性作为全人类共同的文明财富。这一思想观念可谓是先进且正确的。而民族个性最能通过民间传统文化体现出来。随着全球化发展的不断深入，丰富的民间传统服装文化在这一时期逐渐受到重视，并再次得到人们的欣赏和赞誉。这种赞美是来自全世界的。一方面，民间传统服饰中文化元素的运用，使这千年传统文化的精髓再次得到发展。另一方面，原有的已经沉睡多年的文化遗产再次发挥其价值，在帮助中国人了解民族文化历史的同时，也让世界了解中国。民间传统服饰文化是民族传统文化的重要组成部分，其文化内涵本身就是服装创意设计的重要内容。研究民族传统服饰文化，将民族传统服饰风格、图案和色彩等视觉元素转化为现代设计语言，并将其融入现代设计中，是未来服装设计发展的必然趋势。

简而言之，民间传统服装是现代服装设计的渊源和基础，体现了中华民族几千年的智慧。继承和发展民间传统服装的美学思想、创作原则和造型方法，将其精神元素融入现代服装设计，进而推出个性化、当代性甚至国际性的作品。通过丰富现代服装艺术的设计语言，必将使中国现代服装设计作品更具文化与社会价值，推动中国现代服装设计国际化的发展。

三、民族民间风格现代服装创意的理论基础

尤其在现代服装设计过程中，有许多作品表面上自称是民族民间风格的现代服装，但实际上只是将传统民族民间元素生硬地强加在现代服装上，抑或是将现代服装往传统文化上强拉硬拽，其本质原因是设计师不了解创意的挖掘方法和诞生过程。所以，深入探索服装创意的基本理论对推动现代民族民间风格服装的设计有着十分重要的作用。通过大量地检索有关创意的文献，发现在这一领域中，最受学者认可的主要是由詹姆斯·韦伯·扬提出的“魔岛理论”“万花筒理论”等。此外，也有许多提出其他主张的学者，他们之间相互交流，逐渐形成各具特色的创意学派和理论体系。这些理论体系为服装创意设计提供了重要方法。

（一）“魔岛”与“万花筒”理论

魔岛理论来自一个古代关于航海的传说。讲述的是大海中有一座岛礁，古代的水手们在大海航行的过程中，想要避开它时，它便会出现，但

当水手想要寻找它，一探究竟时，却怎么也找不到。因此人们将其称为“魔岛”。现代人通过科学手段对其进行研究，发现这种岛屿其实就是一种珊瑚岛，其在海中往往要生长许多年，才能升出水面。詹姆斯·韦伯·扬借魔岛现象来说明创意的产生并不是偶然的，而是在人类的潜意识中经过了漫长的孕育过程，最后一刻才得到了结果。魔岛理论进一步印证了科学派代表人物大卫·奥格威的观点，即创意必须是以科学调查为基础，而不能是个人的主观构想。只有前期工作深入到位，再加上长期积累的知识与经验的介入，才能够在瞬间产生出好的创意。

万花筒理论是从素材积累与整合的角度，揭示了创意产生的内在机制。这种理论的基本原理是，在同一万花筒中存放着一定数量的彩色玻璃碎片，虽然这些碎片的质量和数量是有限的，但只要旋转万花筒改变碎片的组合方式，就会产生无穷无尽的变化。只有在创意过程中不断积累素材，才有可能产生新的创意。所以，产生设计创意的元素也可被看作是万花筒中的彩色小碎片，只有这些小碎片的色彩越多样，万花筒镜中呈现出的图案才会越绚丽。

无论是魔岛理论还是万花筒理论，都认为创意来源于长期的经验积累和持续不断的深入思索。经验的积累为创意的诞生提供了必然素材和养分，而持续的思考过程则推动了创意素材间的相互碰撞，进而促使创意的诞生。足够的前期积累是产生灵感的先决条件，对于民族民间风格现代服装的设计来说也是如此。这种积累越丰富，思维碰撞出的火花就越多，创意的灵感也就愈发活跃。旋转万花筒的过程，实际上就是对原始素材进行加工和重构的过程，它是以事物之间的内在联系为基础的。虽然人的大脑具有超强的组织能力，但其中的素材却并非是先天就有的，要想使人的思维保持创意的活力，就要不断地为其添加新材料。所以，设计者要养成观察生活、分析事物和勤于思考的习惯，要善于从看似平常的生活现象中发现新素材、获取新知识、补充新动力，才能够源源不断地产生新创意。

（二）“拼图”与“组合”理论

元素组合是另一种更具有原创性的理论，因为这些元素间的相互组合并非简单地叠加，而是利用这些元素进行新一轮的创造。由此看来，元素组合理论也具有一定的科学依据，即通过最小的单位层层分解再重新筛选重组，由此构成新的事物。在实际设计中，通过对产品构成要素的分解，不仅能够提取设计的功能要素或形态要素，而且由于这些要素在提炼过程中已经改变了它原有的系统属性，所以经过重新组合后的有机整体，能够产生本质上的变化。

虽然拼图理论和元素组合理论都表现为一种组织关系的运用，但二者之间却有着明显的区别。前者是一个“拿来—改造—组合”的过程，不能从根本上改变事物的本质属性，设计创新的程度也会受到一定的局限。而后者是一个“分解—选择—改造—重构”的过程，可以使新事物在深层意义上浑然一体，因而其创新程度也相对表现得更为突出。在这里值得一提的是，对于民族民间文化融入现代服装设计而言，由于民间原有的视觉元素已经无法满足现代人的审美需求，因此如果用“拼合”的方法进行现代服装的设计，其作品很难打动当代人。因为只有深入产品内部对其构成因素进行改造，才能从根本上促成其功能与形态的变化。

（三）“迁移”与“变通”理论

在心理学的研究范畴中，还有一种迁移理论，即“学习的迁移”，指的是先通过掌握一种技能和知识，进而用这种技能和知识，再去掌握另一种新的技能或知识。迁移现象即是我们平时所说的举一反三、触类旁通。科学研究表明，人的解决问题或发明创造的核心动力很大程度上都来自人的学习迁移能力。因此，我们将这一心理学上的迁移原理引到创意领域当中，来研究创意过程中的知识迁移，以此提高解决未知领域中问题的成功率。因为设计者所掌握的知识总是有限的，而创意中所面临的问题往往又是前所未遇的，所以需要将熟知事物的原理、知识和经验运用到新的领域中，从而变陌生为熟悉，顺利找到解决问题的方法。在设计研究中会有这样的现象，在一个领域中存在的难题，或许在另一个领域中早已得到了解决。

对于现代服装设计而言，要将传统的民族民间文化转化为现代服装设计元素，必须熟练掌握变通与迁移的手段，并且这两种手段之间的关系是相辅相成的。所谓变通，是指根据具体情况灵活变换研究的角度，这与迁移理论中的“变陌生为熟悉”如出一辙。变通理论认为“创意有时候只是概念的一扭，只要换一种方式去理解，换一个角度去观察，换一个环境去应用，一个新的创意就产生了”。现代科学已经证明，事物的能量在一定条件下是可以转换的，而促成能量转换的条件就是变通。变通既可以是对产品功能、结构形式以及使用方式的改变，也可以是设计观念、技术思想以及表现方式的更新。例如，通过功能变通可以将原本属于动物保护色的斑纹转化为军队的迷彩服；通过设计理念的变通可以将民间、民俗文化中“俗”的部分，转化为“雅”等。这也说明，为何许多民间、民俗文化元素被应用于高端服装设计后，不但不会使高端服装显得庸俗，反而使其更添风采。简而言之，通过改变对象的某一属性来赋予其特定的效果，这在现代设计中已经有许多成功的案例。设计师应该善于从多个角度观察事物，发现变量成分，并通过视角的迁移找到复杂问题的简单解决方案。

（四）等价转换理论

等价转换理论是由日本学者市川龟久弥（Ichigawa Kamekumi）提出的一种理论，他在《创造性科学》一书中，以通俗易懂的图解形式对人类发明创造的思维规律进行了总结，提出了从异物中抽象出等价因素，以此作为创意素材的等价转换理论。这种理论认为，事物之间的等价性（即相似性或共性），绝不仅限于形状的相似和类别与属性的相同。事实上，它在原则上具有更广泛的等价性。就民族民间风格服装的创作活动而言，没有任何一种服装风格款式是凭空产生的，也就是说，现代服装本身也具有传统民族民间服装的影子。所以，虽然传统民族民间服装从功能上已经无法满足当代人的需要，但我们却不能完全否定其文化价值的存在。

民族民间风格现代服装设计的本质就在于找到传统与当代、民族与世界之间的等价关系，通过等价变换抛弃原有事物落后的或无法满足新要求的一部分。进而演变成先进的和更具适应性的新事物。等价转换理论作为一种创意技法运用时需要遵循一定的程序：①正确地提出问题；②设定相关技术要求；③抽取等价因素；④寻找等价事物集；⑤确定合适的技术手段；⑥确定限制条件；⑦确定基本构想；⑧确定设计方案；⑨方案评价及优化。

四、民族民间风格服装创意的生成机制

在很长一段时间里，人们对创造力的生成机制一直都存在偏见，人们往往认为创造力是感觉或灵感的产物。在这个概念的推动下，感性思维在设计中的作用被夸大了，理性思维的意义往往被忽视。在民族民间风格现代服装设计领域中也是一样，设计师总是习惯于以居高临下的态度对待设计，而产品定位则是基于个人对市场的主观理解。这种非传统的主观设计对产品的设计可行性和市场适应性产生了极大影响。事实上，融入民族民间文化的现代服装设计在创意生成方面不仅是对该服装视觉形态和审美意蕴的构想，同时还包括对其物理形态与物质功能的规划。这种研究理念的转变，也是现代设计方法发展的客观要求。从现代服装市场发展趋势来看，服装的物质属性与精神属性越来越趋向于统一，对产品功能与形式的结合提出更高的标准。这一趋势为民族民间风格现代服装的设计与开发创造了基础条件，也为融入民族民间文化的现代服装设计提出更高要求。

另外，日趋激烈的服装市场竞争需要源源不断地推出新产品，生产的

快节奏对设计者的工作效率也提出了更高的要求。尤其对于融入民族民间文化的现代服装设计而言，如果一味追求设计效率，产出的作品难免落入俗套。基于这两个原因，创意设计不能完全依赖于情感思维，更不能等待所谓的灵感到来。因此，现代民族民间风格服装设计迫切需要建立一个系统化、程序化的思维指导机制来加快设计过程。通常情况下，创造性思维机制由材料、条件、原则等要素构成，这些要素之间的相互作用促进了创造性的发展。因此，掌握这些要素的内容、性质、功能及其相互关系，对研究现代民族民间风格服装的创意生成机制来说是十分必要的。

（一）民族民间风格服装创意的素材

所谓素材，就是从现实中提取出来的未经提炼加工的原材料。服装设计创意的原材料包括形式材料、结构材料和材质材料这三种。其中，形式材料又可再细分为具体形式和抽象形式。对于民族民间服装而言，自然中的日月星辰、蓝天白云、山川湖泊、奇花异草、飞禽走兽和传统民族人造形态中的建筑造型、交通工具、生活用品等都属于可以利用的具象形态。而一切几何元素如点、线、面以及由此构成的方形、圆形、三角形等属于抽象形态；结构素材指的是设计参照的原型及其构成关系，通过参考传统民族民间服装、传统民族民间工艺品、传统民间建筑等的结构特征可以得到这方面的启示；材质素材包括构成产品实体的主料、辅料及装饰材料等。对于民族民间风格的现代服装设计而言，材质素材的来源十分广泛，不仅能够提取本领域中产品所包含的各项元素，还能够对其他传统文化艺术领域中的艺术造型、色彩搭配、结构原理、材料选择等方面进行借鉴。换句话说，只要对设计活动有促进作用的，都可以作为素材进行运用。胡小平在《现代服装设计创意与表现》一书中指出："服装素材的广泛性和意念表达的灵活性，决定了世界上的万事万物无一不可作为服装创意的素材。"除了上述各种直接性的素材之外，在利用传统民族民间文化进行现代服装设计时，务必要拓宽思维的广度，从整个传统社会现象、传统思维方式与伦理道德、民俗文化、自然环境、历史变迁等角度入手，进而搜集大量的相关素材。这些素材经过设计者的深刻领悟与理解，同样可以唤起创意的灵感。

不难发现，传统民族民间文化相关素材的来源十分广泛，因此设计师对素材的选择空间也十分广阔。作为设计师，必须养成在生活中，随时观察、随时记录心得体会的习惯，只有这样，才能够从现有民族民间风格服装中收集到大量的相关信息。另外，在民族民间视觉符号设计中，不同类型的素材在设计中的应用方式也不同，有的可以直接应用，如将植物的茎叶、动物的形态稍加归纳后，可以作为服装的装饰纹样使用。有的则需要经过改造后使用，如原本用于矿工作业的工作服，经过改造后产生了流行的“牛仔装”，原本“破衣烂衫”的乞丐形象，经过逆向思维而转化为高级时装的造型风格等。有的也需要通过转化而间接地使用，如针对某种社会观念、文化思潮、艺术风格、流行时尚等抽象概念，运用联想与想象思维转化为相应的视觉符号，然后将这些符号组合成表达一定文化内涵的产品形态。总而言之，融入民族民间文化的服装设计其创意的形成要经过对素材进行加工、提炼和升华的过程。民族民间元素的来源是否广泛可靠，关系到服装设计的方向和定位的准确性。虽然人脑是一个天然的信息处理器，但缺乏充足的素材也会导致工作无法顺利进行。正如民族民间现代服装设计创意的诞生不可能是无凭无据的，民族民间文化素材正是创造性想象的基础，是设计理念由主观向客观转变的基本条件。此外，为了使最终的设计成果适应不断变化的市场需求，就必须及时进行市场调研，以获得真实有效的市场资料，才能保证设计创意具有可实施的价值。有关民族民间服装创意素材的类型，如图4–1–1所示。

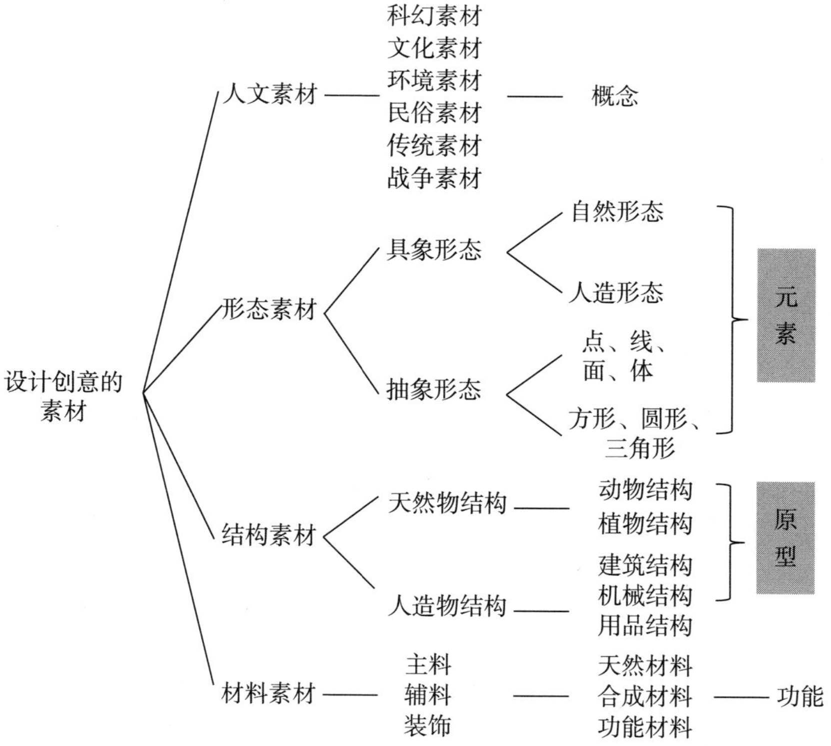

图4–1–1　设计创意的素材

（二）民族民间风格服装创意的条件

创造力作为一种复杂的智力活动，其过程和结果受到各种条件的影响。前文所述的创意素材属于客观方面的条件，此外还有一些主观条件，包括知识、能力、心理和方法。

其一，系统的专业知识是产生创意的前提。以融入民族民间文化的现代服装设计为例，只有借助充足的民族民间文化的知识，掌握大量的民族民间元素与题材，才能将现实中的素材与设计对象相联系，并从中找到创意的契机。通过深入分析民族民间风格的现代服装创意流程，也能够明确知识在创意过程中的主导作用。对于民族民间风格的现代服装设计而言，与其相关的民族知识与民间文化主要来自人们对设计实践经验的概括和总结，并伴随着科学的进步从单一发展走向多元交叉，逐步形成系统化的理论。例如，在民间服装行业发展的早期阶段，民间服装设计的知识主要集中在技术和工艺领域，后来才逐渐扩展到风格创新和装饰艺术的范畴。目前，民族民间风格现代服装设计已扩展到材料科学、人体工程学、自动加工技术和计算机仿真技术等多个领域。同时，市场对服装技术含量和文化含量提出了更高的要求，这在一定程度上也进一步推动了设计研究视野的拓展。如今，设计师越来越注重自然科学与社会科学的交叉研究，这一显著的变化决定了服装的创新不应该局限于某一领域的应用，还应该借鉴跨领域知识的多个方面。当然，只有具备丰富而扎实的理论基础，设计师才能提高自己的创作能力。

其二，从设计的角度来看，创造能力是由必要的智力和技能因素共同构成的。智力因素决定了设计者运用各种思维方式发现、提出、分析和解决问题的能力。技能因素则决定了设计师在现有专业知识和实践经验的基础上掌握技术的能力。所以，在进行融入民族民间文化的现代服装设计时，要想充分发挥创造能力，就要通过长期的实践和对民族民间文化元素的大量积累，并对这些经验与知识进行灵活的运用。

其三，心理因素是产生创意的内在条件，设计者只有具备了很强的创造意识，才能真正发掘出自身的创造潜能，并最终达到创造新事物的目的。据现代心理学的研究表明，“一个人的成功20%依赖于智力因素，即智商的高低；其余80%则都依赖于非智力因素”。所谓非智力因素，就是由动机、信念、情绪、兴趣、情感等心理因素构成的“情商”。设计者的创造欲望和动机，对问题的兴趣和耐心程度以及长期养成的孜孜以求的心理品质等，都会对设计创意产生积极的影响。前文曾经提到过“对问题长期不懈的思考”是激发创意灵感的必要条件，就是一种心理因素的作用。

其四，方法是创造性思维的基本工具，只有以科学的方法为指导，才能事半功倍。对于民族民间风格的现代服装设计而言，如果不遵循一定的设计方法，而单凭设计师的个人喜好进行此类服装设计，则很有可能出现太过标新立异、实用性差等情况。因此，在进行融入民族民间文化的现代服装设计时，必须与设计者的知识和思想相结合，才能发挥应有的作用。方法不是固定的程序，不同的问题要匹配不同的方法才能够使其得到解决。我们之所以在各个领域广泛引入创意方法，就是为了给设计师提供尽可能多的选择，通过自由组合形成灵活多样的创意方法，才能更好地满足不同对象的设计需求。

除了上述4方面的因素之外，日本著名的创意专家高桥宪行还总结出了引发创意的11项条件，分别是：①快速反应的能力；②卓越的图形感觉；③丰富的情报量；④清晰的系统概念；⑤丰富的想象力；⑥多角度的思考；⑦丰富的感性；⑧对未来各种利益结构有强烈的控制力；⑨能将所有的信息归纳成完整概念；⑩对人与产品及市场的关系要感觉灵敏并具有综合能力；⑪能将主线、支线多种工作同时并进。这些条件概括了从事创意研究所应当具备的知识和能力，同时也为设计者提供了努力的方向。

（三）民族民间风格服装创意的原理

根据唯物辩证法的观点，一切事物的发展都有一定的规律。虽然法律是客观且独立于人类意志之外的，但是人们对法律能够发挥主观能动性，即可以学习法律、利用法律、甚至修改法律。因此，对于创意的原理而言也是如此，创意就是在长期的设计实践中总结设计规律而形成的思维指导方法。掌握这些原则和方法可以帮助设计师更好地把握研究方向和目标，为解决创意问题奠定良好的基础。

但是，在服装设计领域对创意原则的研究还相对薄弱，也尚未形成系统的理论成果，并且对创意原理的运用在设计实践中也经常被忽视。由于缺乏对创意原则的研究和应用，在创作过程中设计师很难获得有效的思维指导。设计师往往花费大量时间和精力进行思索，却很难获得最佳的解决方案。此外，当灵感不期而至，零碎缥缈的想法在一瞬间成形，这些情况大多可遇不可求。总的来说，一个创意的完成需要经历一个曲折的发展过程，只有理解了创意诞生的原理，才能够找到产生创意的途径。

因此，在民族民间风格现代服装设计领域中，结合创意主体的知识结构与思维特征，从相关领域中筛选出创意原理，并将它们归纳为4种基本的工作机制，即通过“组合”与“移植”产生新构想；运用“逆反”和“迂回”探索新思路；借助“分离”与“换元”研究新方法；经过“综合”与“系统”形成新方案。希望通过这些原理在服装设计中的应用研究，能够为服装创意理论填补一些新的内容。

1.通过“组合”与“移植”产生新构想

创意的根本目的在于实现设计创新，美国哈佛大学教授、创新理论的奠基人熊彼特（J.A.Schmnpeter）早在1911年出版的《经济发展理论》中，就提出了“创新的主要方式是对生产要素的重新优化组合”的观点。自此，“组合”作为一种创意原理在设计界得到了广泛的应用。所谓组合原理，是将两种以上相互关联或毫无关联的物象进行有目的分解，然后取其部分、单元或元素重新组合，由此创造出产品新形态和新功能的过程与方法。组合原理在服装设计中通常表现为形态组合、材料组合、结构组合、技术组合以及风格组合等方式。在民族民间风格的现代服装设计中，形态组合是通过对自然物象或抽象元素的组合，生成丰富多彩的服装造型；材料组合是将不同的民族民间文化风格、民间服装材质、民族民间服装色彩、面料等进行有选择的搭配，借以改善服装的视觉形态与物质功能；结构组合包括中式与西式结构的组合、传统与现代结构的组合、宽松与适体结构的组合，民族民间结构与现代时尚结构以及现代服装结构与解构的组合等方式，是一种由内而外的创新手段；技术组合主要是对服装加工工艺的组合。对于民族民间风格的现代服装设计而言，将传统与现代的服装制作技术进行创新融合是重要的创意思路之一。例如，传统的针织与梭织工艺的组合、牛仔与裘革工艺的组合，以及民族民间的印染、扎染、刺绣等工艺的组合，通过这些组合可以为服装增添新颖的外观效果，并为服装划定基本风格与定位；风格组合是指将传统与现代、民族民间与时尚、经典与前卫、主流与怪诞等不同风格的元素进行合理的组织。如近些年流行的“混搭”风格就是一种典型的代表。组合不是任意的拼凑或堆砌，而是将各种要素凝练为一个有机的整体。

所谓的移植是将已被证明可行的应用原理、技术、研究过程、研究观点或研究方法应用到相关领域研究对象之中的过程，从而产生突破性的研究结果。现代服装设计要想向民族民间传统服装风格方向靠拢，这种创意方式是值得一试的。移植作为现代服装设计研究的一种重要方式，不仅可以从各个方面汲取跨领域的创作素材，而且可以促进设计知识和方法的更新。例如，服装设计领域中的仿生设计就是一种通过移植自然形态或通过生物功能原理而产生的创造性技术。此外，在民族民间风格的服装设计中也有许多关于移植的具体应用方法，如原理移植、结构移植、形状移植、材料移植和技术移植等。

例如，将机织服装结构移植到针织服装中，从而改变了针织服装的常规造型，促成了“内衣外穿”的流行趋势。又如，法国著名设计师伊夫·圣·洛朗（Yves Saint Laurent）移植中国传统建筑形态，设计出了翘肩飞袖的时装造型，使服装颇具中国民族风韵；移植荷兰著名抽象派画家蒙德里安的绘画形态，设计出了简洁大方的连衣裙造型等。在材料方面的移植空间就更加广阔，如将原本用于航空工业的纺织材料移植于日用服装，产生了令人耳目一新的“太空服”；将陶瓷、塑料、有机玻璃、金属片、贝壳等材料移植于服饰设计，不仅拓宽了设计的视野，同时也满足了人们个性化的审美需求。在技术移植方面，现代科学发展所产生的新技术、新材料和新工艺，不断地被应用于服装设计与生产之中，由此促进了服装功能与形态的发展。上述案例说明，灵活运用移植原理，是产生设计创意的一种简便而有效的方法。

随着设计研究的深入，结合移植原则的基本设计方法已经逐渐完善，并形成许多成功的应用模式。例如，近年来流行的“嵌入式”设计，就是通过取代或转移某一对象的原则或本体来实现设计创新的一种科学方法。由于该方法不改变主体的基本原理和功能，只是在原有基础上进行补充和改造，因而其拥有较高的可行性和成功率。如今，市场上出现的各式各样的多功能产品大多是结合移植的新成果。对于当代人来说，尤其是近些年来，随着人们的民族意识与传统意识的不断提高，越来越多的人开始接受传统民族民间风格的日常服装，这为民族民间风格休闲服装的设计带来了极大的市场。例如，以西服为主要对象，融入中式服装的结构因素和运动装的造型因素，这样的设计能够形成庄重大方、舒适休闲的独特风格。此外，由于组合移植方法和材料的选择范围比较广泛，设计师可以借助外部事物带来的灵感，在相对较短的时间内寻找到最具创意的组合方式。当然，并不是所有的组合都能够完美地实现设计师的创作理想，正如市面上一些所谓的民族民间风格现代服装，虽然也是用上述原理进行传统元素与现代服装元素的组合移植，但最终呈现出的效果往往不尽人意。因此在挑选民族民间文化元素时，要深入考虑其现代适用性及创意构思的新颖性。

2.运用“逆反”和“迂回”探索新思路

任何事物都包含正反两方面的属性，它们相互依存于一个共同体中。由于人们习惯于从显而易见的正面去考虑问题，所以常常是抓住了事物一方面的属性却忽略了另一方面的属性。逆反原理要求人们打破这种常规思维模式的束缚，以质疑的态度重新审视现有事物，并有意从相反的思维方向去分析、思索和探求创新的可能性，所以往往会获得意想不到的成功。在融入民族民间文化的现代服装设计当中，通常有4种应用方式：①原理逆反，是将服装的结构形式、色彩规律、形式美法则等原理有意识地颠倒运用，从中探索超出常规的设计思路；②属性逆反，是用相反的属性去尝试取代现有的属性，如服装材料的厚与薄、软与硬、光滑与粗糙，服装造型的大与小、方与圆、曲与直，服装风格的传统与时尚、经典与怪诞等都可以作为逆反的对象；③方向逆反，是对服装的构成方式、排列位置或方向等进行颠倒处理，如比例倒置、形态倒置、位置倒置、内外倒置等；④大小逆反，通过对服装规格、体积、形态的扩大或缩小，促使其性能及用途发生某种变化，从而实现一定意义上的设计创新。实践证明，当某一方向的思考迟迟得不到满意的效果时，及时地更换思索的方向，或在结构与功能以及因果关系上进行逆向分析，就可能使问题得到很好的解决。因此，设计者要养成从多角度分析对象的习惯，尤其要学会从相反的方向思考和处理问题的方法。

与逆反原理相比，迂回原理的思维方向具有更大的灵活性。迂回原理是针对设计过程中出现的暂时性障碍，采用迂回或包抄的方式来探索设计的新途径。由于影响设计的因素日益趋向多元化，决定了设计过程不可能一帆风顺。对于民族民间风格现代服装的设计而言，设计者难免会遇到各种各样的难题，甚至有些时候，那些看起来十分美好的民族民间传统元素，当真正添加到现代服装中时，显得生硬呆板或不合时宜。在这种情况下，设计者一方面要积极地开动脑筋、努力探索；另一方面，还应注意不要在某一问题上钻牛角尖，因为人在长时间致力于某一问题的思考而得不到答案时，会造成思维的暂时阻滞现象。

因此，设计师要学会灵活使用迂回的原则，对那些努力思考过，但依然无法解决的问题，或许可以尝试改变视角，或者索性暂时搁置这个问题。先进行下一个问题或其他方面相关问题的研究，待其他问题得到解决后，那些十分棘手的问题可能会很容易解决。总而言之，迂回原则就是要找到一种新的方式，有目的地转移研究者的注意力，从而找到一种突破设计障碍的研究方法。其实，传统的民族民间文化非常丰富，能够运用于服装设计的素材也非常多，因此在进行设计构思时，应充分利用创意的迂回原则。

3.借助“分离”与“换元”研究新方法

分离与换元在设计中有着相辅相成的功效，分离是基础，换元是手段，产生新组合是目的。这种理论在分离与换元原理中得到了充分的运用。在进行民族民间风格现代服装创意时，也可以参考这种原理，帮助自己突破原来老旧的创意思维模式，创新服装创意的生产方法。运用分离原理解决问题的步骤是先将对象分解成相对独立的部分或元素，继而对这些部分或元素进行逐个的分析，对存在问题的部分和元素进行修正、改造、替换或删除，最后再将满意的部分和元素重新组合，于是便可以获得解决问题的完整构想。因此，设计师可先选定希望借鉴的民族民间传统服装元素或相关传统文化类型，然后将这些现有的资料进行分解，分解后得到的便是可被重新加工的、包含民族民间服装文化的元素。接下来根据设计师自己的意图，对其进行改造或重组，进而得到符合现代人审美，同时兼具传统民族民间色彩的新型服装式样。

换元原理是在要素分离的基础上，通过对要素进行替换来寻求新的组织结构，从而产生新的思维模式，进而创造出新产品的过程。在服装设计中有“直接替换”和“间接替换”这两种常见的方法。其中，“直接替代”指的是用类似的替代品或替代材料来直接替代原素材。比如，在民族民间风格的服装设计中，可用腈纶棉或其他合成材料作为填充物代替民间传统服装中的棉絮。这样既保留了服装保暖、透气的基本功能，又使新设计的服装更容易体现造型美，同时也兼顾了轻便、舒适的特征。再比如，我们还可以采用民族民间传统服装的外形、色彩、纹样等特征，将传统服装的面料替换为新型面料，如利用纤维编织来模仿丝绸织物的丝绸仿真技术、模仿动物皮肤材料的合成革涂层技术等，都可以看作是根据换元原理而产生的新成果。

“间接替换”是通过某种中间环节来寻找替代物的方法。在科学研究领域中，人们经常借用模型来间接地研究客观事物的原型，以便揭示和掌握客观事物的性质和规律。在民族民间风格的现代服装设计中，同样也可以通过间接的方式来探索创新的途径。例如，以新工艺取代旧工艺、以新方法取代旧方法、以模拟实验取代实际操作等，都属于不同形式的间接替换。在服装立体裁剪中使用的“人台”，在服装制图中使用的“原型”，实际上就是利用了一种间接的替代物。借助这些经过归纳和简化了的替代物，可以更加方便地解决服装造型与结构的问题。可见，分离原理与换元原理的综合利用，不仅有利于拓宽设计者创意思路，而且还能够使设计问题简单化、具体化和直观化，从而将复杂的传统民族民间服装分解为不同类别的基本民族民间元素，进而帮助设计师理清思路，找到最佳的创新途径。使用替换原理解决问题的过程模型，如图4-1-2所示。

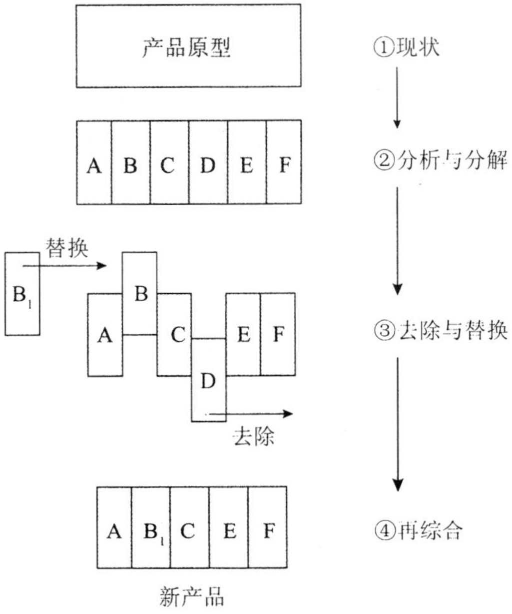

图4-1-2　替换原理过程模型

4.经过“综合”与“系统”形成新方案

综合就是把散乱的构想以最优的方式组合在一起，形成一个具有完整意义的创意方案。在进行融入民族民间文化的现代服装设计中，“综合”的前提是必须对“综合”的民族民间传统服装进行科学、精准的分析。如果缺少了分析这一步骤，就很难从复杂的传统民族民间服装中分离出必要的成分，也就不可能进行有效的合成。通常，设计师要先将对象分解成一定数量的独立单元，并将其中有价值的组件作为新方案的基本组成元素。由于这些元素在前期已经筛选过，经过重新组合后，在形式和功能上都会优于组合前的对象。此外，通过对产品要素的分析、识别、整理、归纳、消化，可以发现其各自的属性、特点以及与设计目标的内在联系，有目的地奠定综合基础。这里应该强调的是，在民族民间风格的现代服装设计中，合成是对合成物质中有用成分的浓缩，而不是毫无目的的随机组合。

系统的意义是“将设计对象及其各类问题如程序与管理、信息资料的分类整理、设计目标的拟定、人—机—环境系统的功能分配与动作协调规划等视为一个系统，并用系统分析、概括的方法加以处理和解决的设计思想”。在服装设计中，诸如审美与时尚、形态与功能、结构与材料以及工艺技术、生产条件、市场需求等因素非常多，将这些因素作为一个系统整体来研究，才能够综合把握设计对象的整体特征，找到一条平衡解决各类问题的有效途径。系统原理包括系统分析与系统综合两种基本方法。系统分析是把要解决的问题作为一个系统，通过对系统中各要素的综合分析，找出解决问题的可行方案。在民族民间风格现代服装设计中的系统分析，首先是对服装外部因素的分析，如市场对民族民间风格服装的接受程度、当季服装流行趋势、消费者对民族民间风格服装的期望度等；其次是对服装内部因素的分析，如款式、色彩、面料、规格等；最后是对各因素之间层次关系和逻辑关系的分析。通过系统分析，可以加深对民族民间风格服装设计问题的认识，把握影响设计的主要因素，启发出各种各样的设计构想。系统综合是根据系统分析的结果，对各种构想进行综合评价与优化，直至将它们归纳为完整的设计方案。

系统原理在服装设计中应当遵循三项原则：首先是目标性原则，任何创意活动都要先拟定目标，而整个创意过程必须始终遵循预定的目标推进，这是保证创意活动能够收获良好成果的前提；其次是整体性原则，要求设计师着眼于整个创意的发展过程，全面、系统地考虑创意的各阶段因素，避免因特定问题的影响而偏离思维的方向；最后是层次性原则，创意诞生的过程可分为不同的阶段，每个阶段都有特定的任务和内容，在各个阶段间、阶段与创意内容间、阶段与创意任务间都存在着结构层次、时间先后、轻重缓急等关系，对这些关系的把握是否恰到好处，直接影响了创意成果的质量。这三点原则对于民族民间风格的现代服装设计而言同样适用。作为现代设计的一种常见且实用的方法，它以其系统化、程序化的优势，不仅能提高设计的质量和效率，而且能推动设计工作的有序发展。

（四）民族民间风格服装创意的引导

设计创意除了要掌握上述原理之外，有时候还需要借助一定的方法来引导思考。在服装创意过程中，有两种方法可以作为引导设计者思考的工具，一是“思维导图”，二是“意象看板”。所谓“思维导图”又称为“心智图”，是由英国著名心理学家和教育家托尼·巴赞（Tony Buzan）发明的一种创新思维图解表达方式。它运用发散思维的原理，以任务主题或核心问题为焦点逐步向外发散，将反映任务目标的各种要素提炼为若干概念要素，并以便于人们轻松认知的放射状图形表达出来，从而帮助人们在尽可能短的时间内抓住问题的关键，加深对问题的认识和记忆。思维导图是一种通过生动的图形再配以提示性的文字而成的图示，用以激发人的大脑潜能。它能够通过图片、颜色等视觉元素，引发人的深度思考，并使人在潜意识中将相关联的因素联系在一起。在融入民族民间文化的服装设计领域里。思维导图能够帮助设计师对大量的民族民间服装及相关文化艺术素材进行归纳整理，帮助设计师获得更多具有艺术性和科学性的思维，促进其思维在感性和理性之间的均衡发展，为设计思想的生成提供更广阔的发展空间。近年来，思维导图以其完整的逻辑框架和全脑思维模式被广泛应用于发明创造的各个领域。思维导图可以有效地管理服装创意过程中涉及的大量信息，将复杂的设计理念和视觉元素系统地组织起来，有利于梳理创意的核心要素。此外，通过利用思维导图，还能够对民族民间风格服装构思过程中存在的问题进行反馈，并帮助设计师进行思维的多向性发散，进而解决相关问题。

关于思维导图的形式与制作方法问题，有许多成功的模式可供参照，根据民族民间风格现代服装设计的需要，可将其归纳为4个基本步骤：①用关键词或图形将拟订的设计主题标注在纸的中央；②以主题为发散点向外扩展到次一级主题，也就是在上一层主题下的概念延伸；③在次主题下面进一步发散，最大限度地深化到各种细节，将这些细节与相近的“次主题”用线连接起来；④整理思维过程，用数字或不同的颜色分别对要点作标记，并尽可能用图形来表达要点，这样有助于捕捉设计的视觉元素。

意象看板是在思维导图的基础上，组织各种视觉元素而形成的、用以描述产品意象的一种图像形式。所谓意象，指的是“一类事物共同性的形象信息抽象与概括的结果，是一种观念性的形象”。民族民间风格的现代服装意象通常表现为由色彩、线条、图形、材质等视觉元素共同构成的综合效果，虽然其中存在许多不确定的因素，但却能够唤起设计者对相关事物的联想，促使设计创意由朦胧状态逐渐转化为具体、明确的服装造型。对于民族民间风格现代服装设计而言，主题看板的制作素材来源于两个方面，分别是设计者在思维发散过程中，由概念衍化出的各种视觉元素和通过对相关民族民间传统服装的形态分解，从中提取某些符合设计目标的元素。意象看板往往具有多种多样的表现形式，其表现的核心目的是将消费者的核心需求准确地展示出来。意象看板的制作必须体现为设计研究的基本方向，这样才能达到激发设计者的创造性想象力的目的。

五、服装创意的一般过程

任何创意总是源于某种动机，而动机的产生又是对市场广泛需求的一种回应。从发现市场需求到产生创造动机，再由动机而引发某种创造性构想，直至将这种构想加工成完整的创意方案，这期间所经历的一切环节即是创意的一般过程。虽然在实际操作中，因设计主体的思维习惯和设计对象的要求不同，创意过程的运行方式及内容也会有所差异，但就总体而论，创意是按照一定的规律发展的，抓住了规律，也就把握了创意研究的基本方向。因此，对创意过程的构成要素、相关知识、进程逻辑等问题的研究，有助于理清创意研究的思维路线，这对于构建科学的设计方法会有很大的裨益。本研究根据服装设计的一般规律，将服装创意过程划分为6个阶段，即提出问题阶段、创意酝酿阶段、创意孵化阶段、创意完成阶段、创意完善阶段、创意表达阶段。这些阶段不仅相对独立，而且相互关联，保持着连贯、渐进的关系。同时内容上也存在着重叠和相互渗透的情况，从整体上看，其表现为一个整体系统。为了便于直观地描述创意过程中的阶段、程序、内容、知识及成果形式，我们创建了如图4-1-3所示的过程模型。在后面的研究中，将运用这种过程模型分阶段展开论述，并最终将各阶段的研究结果汇集成一个完整的创意系统。

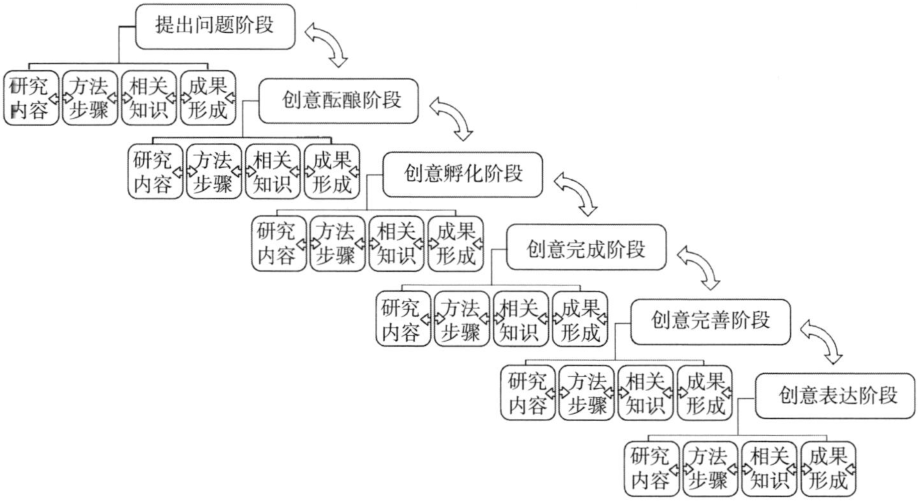

图4-1-3　服装创意过程的阶段构成模型

（一）提出问题阶段

设计问题的提出本身就是循序渐进的过程，大致需要经过三个环节：发现问题、提出问题、明确问题。设计者在调查的基础上发现问题，并在意识到问题的存在后，开始解决问题的思维活动。基于这一系列的思考，我们已经掌握了引起问题的各种因素，所以我们便具备了提出问题的基本条件。

从一般意义上说，服装设计的问题来源主要有两种渠道，一种是设计者从市场供需矛盾中主动发现的问题；另一种是由用户提出的需要设计者解决的问题。无论是哪一种渠道的问题，设计者都要进行认真的调查和分析，弄清问题的来龙去脉。因此在这一阶段中，对于民族民间风格的现代服装设计而言，设计者首先要了解目标消费群体的需求特征，如文化特征、经济特征、生活方式、社会因素、环境因素、流行趋势等，把握市场发展的基本趋势。其次，通过分析市场上同类产品的功能特征、形态特征及营销状况，在相互比较中发现产品中存在的问题。最后，对各种信息资料进行系统分析与归纳，针对设计方向、研究内容、操作步骤、成果形式、相关知识等问题，形成基本的研究思路并提出初步的产品概念。本阶段的研究过程模型如图4-1-4所示。

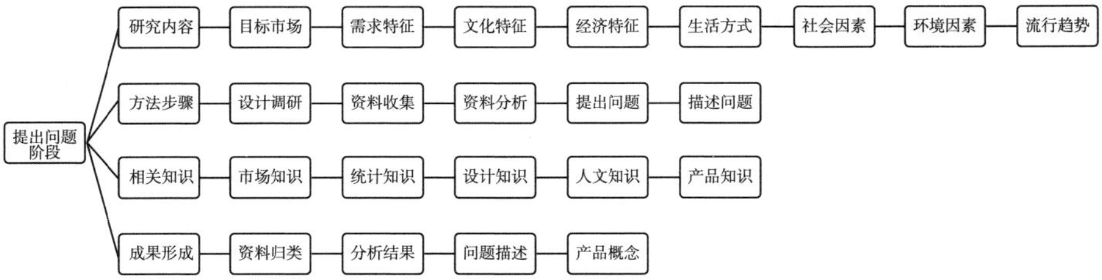

图4-1-4　提出问题阶段过程模型

（二）创意酝酿阶段

创意酝酿的阶段是将产品概念逐渐向视觉化、具体化方向转变的过程。在这个过程中，设计师首先要对前期提出的产品概念进行深入分析，运用概念分解的方法使其内涵尽可能地简单明了，从而在脑海中建立起抽象概念与视觉形象之间的联系。然后，充分调动联想思维和形象思维，从现实中寻找能够表达产品概念内涵的视觉元素，通过提炼、归纳和组合，生成具有概括性的产品意象。

在进行民族民间风格现代服装设计时，创意的酝酿阶段其本质就是将设计师脑海中的抽象概念逐渐转化为服装意象的过程。这一方面需要设计师深入了解民族民间传统服装的特征与文化内涵，并对民族民间文化艺术元素进行大量的积累；另一方面还需要用心灵去感受其中的意蕴；同时还要借助各种思维方式的协同作用，展开积极能动的思维活动。因为，创意思维“从逻辑上说不可能是单一的思维形式，只能是若干具有创造功能的思维形式的集成，创造性思维过程实际上也是一种系统运行的过程”。所以，设计者要综合运用各种思维方式，围绕产品概念展开积极能动的联想与想象。在这一阶段中，借助“思维导图”可以帮助设计者进行思维发散，以谋求尽可能多的创意素材，而利用“意象看板”则有助于从素材到产品意象的转化。本阶段的研究过程模型如图4–1–5所示。

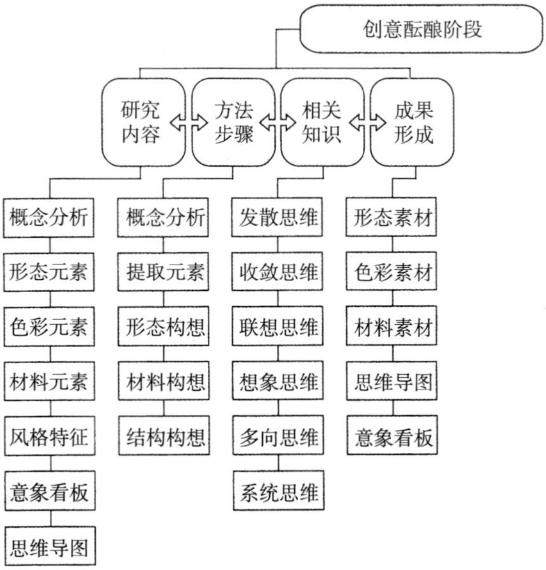

图4–1–5　创意酝酿阶段过程模型

（三）创意孵化阶段

当设计师在脑海中勾勒出民族民间风格的服装意象后，在创意的孵化阶段，这些模糊的产品意象便会逐渐变得清晰。在这一阶段中，设计师应充分利用服装设计的相关知识，对积累下来的民族民间服装相关的设计材料进行提炼和加工，从多个角度尝试元素的多样化组合。另外，设计师要运用上文介绍的创意理论和方法，围绕设计目标进行全面思考，争取获得尽可能多的设计理念。对于民族民间风格服装设计而言，创意的诞生并非单纯是视觉元素的组合，还必须传达某些功能和一定的文化内涵。创意孵化的过程不仅是一个消化、吸收和重建原始素材的过程，也是一个探索新功能和新的文化内涵的过程。只有准确把握素材的视觉特性和功能特性，才能够有选择地将某些具有内在联系的素材有机地组合在一起，形成符合设计目标的服装雏形。

在此期间，设计者不必急于对构想的结果过早地下结论，因为那样势必会制约其创造性思维的发挥。为了获得具有创新性的构想，要敢于突破常规而进行大胆的尝试，同时还要尽量扩大思索的广度，努力提高构想的数量，在量中求质。另外，在创意孵化阶段，设计者除了要关注服装造型的视觉效果之外，还要时刻与预定的功能目标相联系，尽可能使每一种构想都不偏离设计的总体方向。本阶段研究的过程模型如图4-1-6所示。

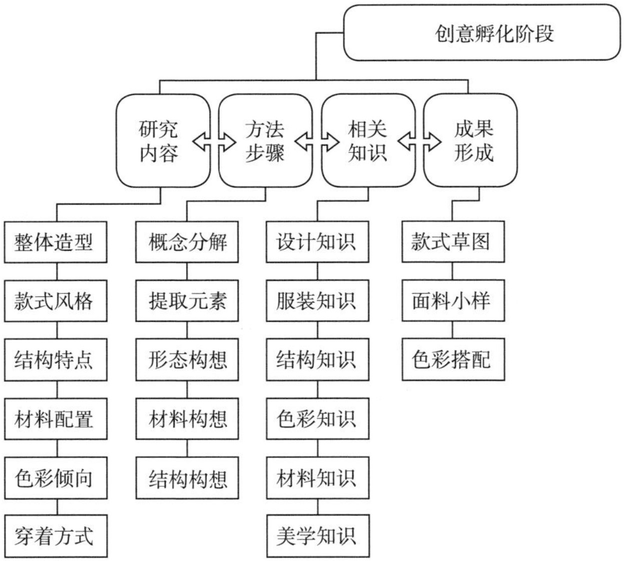

图4-1-6　创意孵化阶段过程模型

（四）创意完成阶段

经过创意孵化阶段后，设计师的创意便会转化为大量的设计草图。通过这些草图，设计师头脑中迅速闪现的想法被固定成具体的图像，为设计师对作品设计的评估和优化提供了可能。然而，虽然效果图在一定程度上反映了服装的基本形式，但它仅仅是设计师即兴创作的产物，因此在细节处理上难免会存在许多问题，甚至在某些方面缺乏技术上的可行性。由比对于民族民间风格的现代服装设计而言，若要将民族民间文化尽可能鲜明地展现出来，其民族民间元素的设计与相关工艺的设置往往需要不断细化，对于一些较难把握之处，设计师甚至要亲自进入成衣车间同制作者沟通。因此，进入创意完成阶段，设计者一方面要对设计草图进行认真的筛选，提取那些既具有创新性又符合设计目标的构想或成分，将其整合为更加完善的服装款式图；另一方面还要对款式所反映出的视觉特征与功能特征进行评价，对物化过程中可能会遇到的各种技术问题进行分析，为建立完整的创意方案奠定基础。创意完成阶段并不代表设计过程的终结，而是以具体的服装形象为设计物化提供明确的研究目标。

在该阶段，设计师要从服装的形式和功能、结构、材料、工艺和生产技术这几方面入手，借助判断和推理的基本方法，通过比较、分析和综合考量，创造性地对作品进行综合评价，并深入分析其可行性，对整个设计进行细节优化。同时要认真分析该设计的发展前景，从中归纳出具有潜力的创意方案。本阶段研究的过程模型如图4-1-7所示。

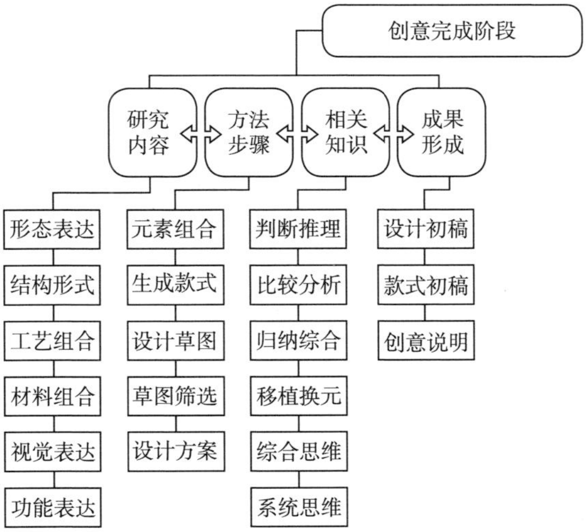

图4-1-7　创意完成阶段过程模型

（五）创意完善阶段

创意完善阶段是对前期方案进行综合评价与优化的过程。其一，通过对服装设计图和款式图的评价，分析服装的功能与形态是否达到了预定的目标。其二，针对设计造型分析其在结构、材料、工艺、设备等方面，是否能够满足技术实现的条件。其三，借助立裁和假缝等相关实验来检验设计效果的可行性。其四，对发现的问题提出修改措施。大量的设计实践表明，无论是多么严谨的设计表现方式，图上效果与实际效果之间总会存在某些差距，有些在设计图上看来很完善的东西，一旦付诸实际仍然会暴露出各种各样的问题，有的甚至与预想的效果相去甚远，这种现象在设计中是时常发生的。在民族民间风格的服装设计当中，由于传统与现代是两种对立的风格存在，因此在进行组合时稍有不慎便会出现不协调的问题。为了最大限度地缩小理想与现实间的距离，在创意完善阶段应当认真检验设计的合理性和严密性，全面平衡和协调各种设计因素之间的关系。总之，本阶段是按照设计的预定目标和原则要求，对设计方案进行全面的验证、分析、修正与补充的过程，其评价的内容主要包括造型评价、色彩评价、材料评价、功能评价和综合评价。本阶段研究的过程模型如图4–1–8所示。

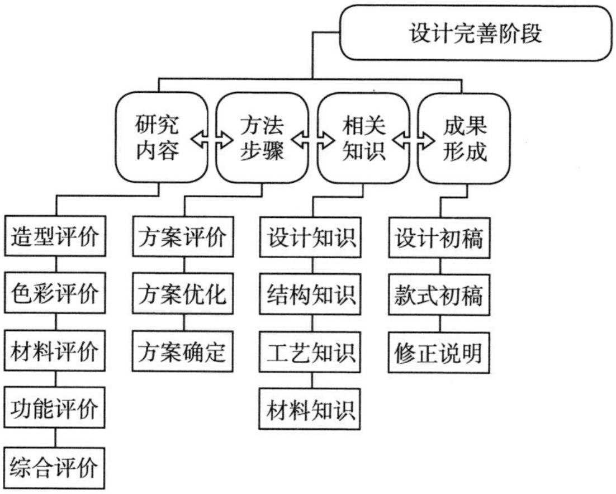

图4–1–8 创意完善阶段过程模型

（六）创意表达阶段

创意表达阶段是对整体方案进行视觉描述的过程，一般分为两种方式，即平面描述和立体描述。时装图和款式图属于平面描述的基本形式。时装画能够表现人体整体穿着状态的基本效果，也是反映服装造型、色彩、材质甚至一些技术细节的基本图示，是一种规范且具有一定技术难度的专业绘画形式。款式图主要展示服装的结构特点、零件造型、工艺形式等内容，是指导生产的一种技术图纸。立体描述是通过立体裁剪或样衣来表达服装的造型效果，与平面表达相比，立体表达更加真实、直观。除了上述两种表现形式之外，对于某些特殊的造型或复杂的部位，还可以借助结构图的形式来反映其构成原理，准确地描述某些技术方面的创新点。另外，当代的服装设计绝大多数都利用了计算机图形技术，这为融入民族民间文化的现代服装设计提供了更为广阔的发展空间。利用计算机强大的图形处理功能，不仅可以对传统民族民间服装进行分析、解构与提炼，还能够充分展示出服装创意的视觉形态，并模拟服装材料的物理特征及其在特定环境中的状态，为真实地表达创意提供了可能。由于现代设计方式逐渐由个体研究型向集体智慧型发展，设计图作为一种传递设计理念的专业语言，对于加强团队成员间的沟通与协作发挥着重要的作用。所以，对于创意表达方式的研究和训练，也是设计者不可忽视的重要技能之一。本阶段研究的过程模型如图4-1-9所示。

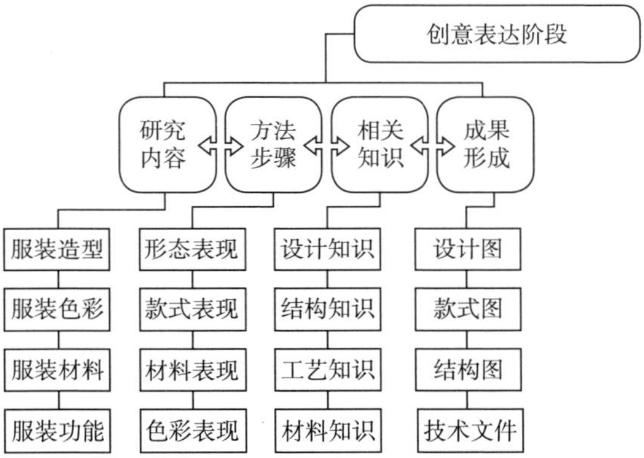

图4-1-9　创意表达阶段过程模型

通过上述6个阶段的分析，从总体上描述了服装创意的过程及其发展阶段。这些阶段的划分既遵循了创意的一般规律，同时也存在人为界定的成分。因为阶段之间虽然在形式上相对独立，但在实际操作中其分界往往是模糊的，其内容也常常是相互交叉和相互渗透的。之所以要将创意过程分解为不同的阶段，目的在于规范创意的运行秩序，强化研究工作的条理性和逻辑性。另外，通过合理的阶段划分可以细化研究内容、缩小知识搜索范围、提高解决问题的效率。因为阶段中所涉及的问题通常具有共性的特征，便于运用尽可能简单的知识来解决复杂的问题，有利于形成简便快捷的研究思路。不仅如此，通过阶段之间的相互联系和相互作用，还能够保证设计进程在整体目标上的统一性。因此，对于民族民间风格现代服装的设计而言，其创意的生成也离不开设计师对于创意过程中各个发展阶段的了解。只有将科学的创意生成方法恰到好处地运用到民族民间风格现代服装的设计当中，才能切实增强创意过程的科学性，提高创意水平。

六、现代民族民间风格服装的创意发展技巧

服装设计作品以民族民间传统的形式出现，巧妙地结合民族元素，形成独特的视觉语言，让人感受到一种亲切感和新奇感。那些传统建筑、民间工艺的造型规律、色彩搭配原则、质地等特点都可作为民族民间文化元素，被运用于当代服装创意当中。对于设计师而言，也只有掌握了民间传统文化的各种表现方法和形式语言，才能在服装作品中游刃有余地运用和发挥，并借此表达自己的设计目的。

（一）表象层次的直接应用

直接将民族民间服装的形式或色彩以及一些表现手法或工艺制作方法借用到现代服装设计中，并利用这些家喻户晓的题材传达其现代化含义，这样设计出来的服装其在装饰图案、纹样等方面与服装本身的使用目标与文化主题是相符合的。而对民族民间传统服装装饰图案、纹样的运用，必须使新事物脱俗，将那些受众十分熟悉的视觉符号进行再加工，进而使其产生更为震撼的视觉效果，以此来紧握观众的目光。

1.平面写实

平面写实主义主要通过简洁概括的方法来刻画事物的轮廓并突出其特征。平面写实艺术普遍具有造型简洁生动，容易达到整体和谐统一的特点。在这方面，最典型的例子是民间剪纸艺术。民间剪纸艺术充分运用了平面写实手法，以其简洁自然的形式美、自由的创作风格使其在服装创意设计中得到广泛的借鉴和应用。本文从剪纸的色彩、造型、形式等特点出发，运用服装设计中形式美的原则，构思和创造服装。通过服装轮廓所体现的造型和气势的特点来传达情感，通过巧妙的剪纸写实来表达平面上要表现的东西，从而达到追求写实的目的。

例如，中国民间的剪纸艺术，其历史可追溯到唐宋时期。早在唐代，民间的剪纸作品中已经展现出许多镂空技术，并且在剪纸艺术逐渐兴起的同时，民间裁缝也开始将这种技术用于服装制作当中。这种剪纸技术在民间服装的制作中则表现为镂空型纸版印染工艺。例如，在新疆吐鲁番一带古墓中出土的唐代夹缬印花织物中，就运用了这种制作技术。此外，唐宋时期的狩猎纹印花娟、鸳鸯纹印花娟、绛地白花纱等也都采用了这种技术（图4–1–10）。

后来，一些少数民族地区，也开始生产各种各样的镂版印染花布，这种布料曾被广泛用于床单、被面、方巾、肚兜、枕巾、挂饰等生活用品的制作当中。

到了宋代，原本在唐代流行的染缬在当时被规定为专门用于制作军队服装的衣服材料，民间禁止私自生产和使用。到了南宋，染缬不再为官方专用，其在民间又逐渐流行开来。到元代时，民间的染缬技术得到了进一步发展，并达到了相当的普及程度。当时民间印染的方法有浆水缬、药斑缬等，浆水缬就是夹缬，具体的制作方法为，将镂刻好花型的纸版放在棉布上，然后用刮浆的方法来印染，由于染料多为蓝靛，因此这种布料又称为蓝印花布。

图4-1-10　唐代镂版印染

在现代服装设计中，也可以使用这种平面性的民族民间风格表现手段。现代成衣镂空技术源于民间剪纸艺术的再发展。图案选材较为抽象，因而构图简洁，镂空技术要求不高，所以可以被广泛地运用于织物设计和制作当中。常见的抽象图形包括规则几何图形和不规则任意图形。镂空技术的装饰位置可以根据设计的实际需要灵活多变，既可以在服装的局部进行点缀，也可进行整体设计。而至于最终采用何种表现形式，要依据设计师的风格和设计来决定。

大面积的镂空处理能够使整块面料看起来大气而简洁，并能够最大限度地突出面料的质感和肌理感，同时带给人强烈的视觉效果。从服装整体上来看，镂空手法能够将人的视觉向局部牵引，以此增强服装的趣味性和装饰性。一般在服装设计中，这种处理多设置在服装的边缘位置，如袖口、裤口、领口、下摆、前襟等部位，也有将某一完整的镂空图形设置在服装的中心部位，或以服装中轴线为基准，设置连续的镂空图案，这样的处理能够瞬间吸引人的注意力，突出服装工艺的精致之处。

但在服装空余面积较大的部位，设计师往往会采用较大的独立图案进行装饰，这种设计方法的目的是有意识地固定服装的视觉中心，进而使服装形成视觉焦点。总而言之，无论是在边缘还是中心位置，局部镂空技术的应用都增强了局部与整体的对比度（图4-1-11）。

图4-1-11　借鉴民间剪纸艺术的服装设计

2.几何抽象

几何抽象实际上是平面现实主义的进一步延伸。民间艺术家在艺术创作过程中，通过对原始图案的总结、比较、分析和提炼，获得其内在的精神实质，忽略其特定的外在形象，形成对形象的抽象表现。通过几何抽象，服装会形成自己的风格和亮点。抽象几何图形在民族服装创意设计中得到了充分的运用和表现。通过将原始图形加工成水平或垂直的几何形状，能够使整体造型规整简洁。这样的处理手法既能达到创新装饰的目的，又能清楚阐述设计师的设计内涵，并最终制造出概括而精练的艺术效果。

民族民间传统服装的文化表象作用，与现代服装设计注重的“少即是多”造型观念如出一辙。也就是说，在民族民间传统服装中，民族民间元素作为一种特有的编码方式，得到民间百姓的广泛认可。而在现代服装设计中，通过对传统元素进行消化吸收后，以崭新的方式进行超常规的编码，就是对传统服装文化的再现。只要这种新的编码方式得到现代人的认可，并可以让世界上更多民族了解中国传统文化的丰富多彩与特殊魅力。

对于现代设计师而言，在进行这种创作之前，必须先深入学习和研究现代服装设计的相关基础知识，掌握最新潮的设计理念和技术，同时进行必要的市场调研，对当代受众的审美需求和审美期望进行分析和总结。只有这样，才能在民族民间传统服装元素的表象层次应用中展现出现代风格，并将传统神韵和内涵融入其中。

（二）神韵传承的间接应用

民间传统服装文化的精神，往往会通过服装上各式各样的装饰体现出来。因此，在借鉴传统民间服装元素进行现代服装创意设计的过程中，可以适当借用一些具有象征意义和特殊意义的传统图案来表达一定的思想感情。

1.抽象与象征

传统民间服装中的视觉符号不仅是人们对自然规律的总结和归纳，也是人们艺术追求的反映。纹样的图像特征比服装的造型结构和材质纹理更直观，更容易成为一种服装的代表。例如，忍冬、缠枝、卷草等象征着品格高洁、高贵华丽，这些具有象征意义的纹饰用在服饰设计的细节，如领口、胸部、衣襟、袖口、腰部等，能表达出服装作品深度的文化内涵。

一直以来，传统文化都对现代服装设计有着不同程度的影响，尤其在当今社会，随着人们对传统文化的认识逐渐加深，其价值日益显现出来。在当代服装设计领域中，大量具有民族文化精髓的传统图案被运用到现代服装设计中。例如，奥运会祥云纹样，就是借传统纹样中的“祥云”符号，传达出和谐吉祥、积极向上的基本思想内涵。从祥云纹样的设置位置来看，其运用了不对称的设计方式，将前胸、后背、右肩位置的上部区域进行视觉效果的渲染，使祥云造型具有动态感。祥云本身在中国传统文化中象征着美好与吉祥，在此成为点睛之笔，并让整套领奖服看起来在统一大方中体现出动感，更具有时尚性。

祥云图案作为一种设计元素，运用抽象的符号设计手法，使奥运服装具有独特的中国民族风格和丰富的内涵和装饰意义（图4-1-12）。带有祥云图案的奥运领奖服装，其主要创意元素是祥云图案和中国红。在整个设计当中，贯穿了“和谐”这一奥运核心理念，并使现代社会的和谐发展与中国传统文化进行了有机结合。该服装的设计在圈定服装主题之后，又以一种开阔的视觉感为观众留下了广阔的想象空间。欣赏该作品，人们能够沉浸在祥云的美好寓意中，并为其赋予不同的具体内涵，从而避免设计思路过于直白。

图4-1-12　奥运祥云纹样服装设计

2.神韵传承

民间传统装饰图案源于生活，所以其内容往往充满了普通人民的美好愿望。龙、凤、飞仙等形象都是富贵吉祥的象征。无论是神话传说中象征吉祥的龙凤，还是石窟中优美的飞仙，都以其独特的魅力反映了劳动人民对美好生活的向往。这种神韵的传承源于中华民族劳动人民独特的生活观念和审美意志。它是一件事物“形”与“意”的延伸。而要将传统元素的神韵传承下去，则需要我们进入深层的精神领域去探索。在神韵的传承上，设计师不必要直接引用民间传统的服装样式或纹样，而是将传统民间文化的表现形式、意蕴、审美方法综合成一种独特的设计语言，使设计作品蕴含着浓厚的文化内涵，同时又具有鲜明的民族特色与现代感。

例如，凌雅丽设计师作为时装设计领域中民族风格的代表，她的作品中总是能够将传统民族民间元素恰到好处地与现代风格进行融合。她的作品“紫原戊彩”（图4-1-13），展现了神秘的东方神话色彩，以中国“龙”为主题，将神圣高贵的形象与现代服装造型技术相结合，寄托设计师对上古神话的尊崇之情，并将一种来自远古的威严庄重的气质带入现代社会，使其作品更具神韵与内涵。

图4-1-13　凌雅丽的作品“紫原戊彩”

（三）元素升华与解构

借助民间传统服装元素可以创造出崭新的表现形式，而这种新的表现形式既符合现代审美，又不失民族风格。设计师在进行此类创作时，务必要做好前期调研，从民间汲取设计灵感，寻找能够吸引观众眼球、激发设计欲望的元素。通过对民间传统服装元素的升华和解构，以独特的传统文化语言，用视觉形象来表达自己的创意。特别注意，在融合外来文化和再造重构的同时，要始终保持本民族文化核心内涵，绝对不可断章取义地进行传统元素的现代化解释和再现。

1.提炼重组

提炼重组指的是，在保留现代服装的基本形象的同时，将传统的造型手法与表现形式进行变形与重组，再运用到现代服装设计当中。这种提炼与重组的具体操作方法有很多。如将传统面料原本的形状转化为服装的装饰性图案，或将传统服装的整体风格进行总结，然后将其增添在新作品中的局部位置进行点缀，进而形成块面感强且较为简洁的装饰，抑或是将提炼并重组得来的传统纹样作为新作品的边缘装饰。

2.变形转换

变形转换注重意境的再创造和延伸，能使作品具有全新的视觉冲击力。比如，通过选择、提炼和变异，将脸谱的基本元素转化为现代模式的符号，既符合现代审美意识，又保留了民族神韵。在服装设计活动当中，将民间传统装饰图案作为服装创意设计的重要元素，大多需要进行这种形式的转换，打破传统符号原有的组织结构，进而使作品符合现代受众的审美文化价值取向（图4–1–14）。

图4–1–14　融入脸谱元素的现代服装设计

此外，以民间传统装饰纹样中的植物纹为例，以花草纹装饰为主的服饰图案，侧重于变形转换。如牡丹纹、卷草纹、忍冬纹、宝相花纹等。尤其是近几年来，花草纹在服装设计领域的运用越来越广泛，国内外设计师纷纷采用中国民族民间的各种传统花草纹样进行服装作品点缀，此类纹样可以说在全世界范围内都颇受欢迎。

3.面料再造

服饰纹样的再造手法被广泛应用于各种织物的设计与制作当中。该手法能够使织物产生新的视觉效果。在现代设计中，随着染色、刺绣和材料再造技术的不断革新，现代服装的面料往往能够呈现出惊人的效果和丰富的表面质感。这些独特的形式、质感和局部细节都是通过面料的再造实现的，也正是面料再造工艺的不断发展，带给服装设计师更广阔的设计空间。可见，服装纹样与面料是相互融合的，服装纹样的结构随面料材质的再创造而形成，服装纹样的装饰随材料的制作而显现。

织物纹理变化的重复性表现为多种形式的褶皱。可以从一个简单的个体进行重复组合，也可以从大小入手，重复组合，或同一方向的重复排列。面料肌理的变化出现在原始材料上，通过加减、变形、正负、大小和方向等近似的变化处理，使作品产生一种细致变化美。如图4-1-15所示，该面料采用中国传统民族民间纺织工艺扎染而成。起皱染色后，能赋予服装强烈的立体感。

图4-1-15　面料肌理再造

第二节　现代服装的民族原生态情结

一、民族原生态文化的别开生面

科技发展到今天，曾经试图改造和征服自然的人类开始克制这种狂妄自大的想法，人们更倾向于将神秘或亲切的原始生态元素带入时尚产业中，并以此传达人们与多元文化和谐共处的期待。当代许多民族民间风格服装的设计理念为：采用现代高科技材料和最新技术，对传统民族民间服装的整体视觉感进行模仿。时尚界总是敏感先行，在全世界人民纷纷开始厌倦都市的繁华和过度的规律性生活后，时尚界便掀起了一阵原生态浪潮，以此来满足人们对自然纯朴的渴望。在这一阶段，清新纯粹的质朴感搭配现代先锋前卫的风格，便形成新时代的自然主义。原生态诞生于自然生态领域，代表着一切顺应自然条件而生存下来的东西。但现代主义视域下的原生态则放弃了绝对的原始性与自然性，转而追求一种更为前卫先锋的表达方式。

西方时尚界在“波西米亚”风上演多年后，又将目光转向了古老而神秘的东方民族。一时间，大量的西方服装设计师开始尝试立领、侧衩、盘纽、绲边的运用，此外还有极具东方民族色彩的纹样与配色，并在此基础上，深挖东方民族风格的设计理念。随着近年来国际T台上越来越多粗麻布、蜡染工艺、银饰品、刺绣等的出现，新一轮的民族民间风格时尚潮流为全世界带来了非同寻常的艺术享受。

二、从少数民族刺绣到现代时尚

我国历史悠久，民族众多，服饰文化资源博大精深，新颖的设计元素取之不尽，以湘西苗族妇女服饰为例，因其具有强烈的原生态民族特色而成为许多设计大师创意灵感的来源。下文，我们将以湘西苗族的服装文化为例展开论述。

湘西苗族在湖南西部，具体指凤凰、吉首（原乾州）、花垣（原永绥）三地的苗族人，与土家族、汉族杂居。据记载，明清时期，湘西及毗邻地区的苗族受汉文化影响较深，有的女子改服易发，不再着对襟衣和裙，而穿长长的无领大满襟上衣和肥大的宽口裤。今天，一些偏僻的湘西苗寨（以阿拉营一带为主），仍然保留着这种古老的衣式，仿佛清末中原地区农家妇女的打扮一样如图4-2-1左图所示。

湘西苗族女性从六七岁便要开始跟母亲学习刺绣，她们不仅擅长为服装装饰上各式各样的花纹，还会制作各种富有民族特色的手工编织品，制作工艺品是苗族女子心灵手巧的标准。

几乎每一位苗族姑娘都会织花带，用来制作这种花带的织机构造十分简单，它是由两块木板撑成三角形的架子，是家家户户必不可少的纺织机械。织花时在两个斜边的上缘缠紧需要挑织的30~40根线，多以棉纱线为经，彩色丝线作纬。苗族姑娘一手拿着木刀梳理纱线，将线打紧，一手用光滑的牛角操作花带图形，按图形所需填入各色丝线。这个动作仿佛琴女在调弦，古朴优雅，非常耐看。织好的花带约3~4厘米宽，表面有各种图案，两端垂着彩色的绦须。平日里苗女穿的围裙都用花带系扎。男女相爱时，女子拿一条自己最满意的花带寄托情意，把它系在男子贴身的衣服上，并有意露出花带的绦须，让人们看到。花带图案紧密，并富有立体感，使得图案内容十分丰富，主图是对称的鸟兽主花纹样，两侧是植物二方连续或“万”“米”“寿”等字的几何装饰，仔细观察还有隐藏在织路里的回状暗纹。主要形象在当中处于突出部位，陪衬形象向两边层层展开，充满了一种大胆、生动的力量，显然是将情感与愿望含蓄地传达在这花带上。

还有一种比花带窄一半儿的辫绣，俗称“打辫子”，也被普遍使用如图4-2-1右图所示。置一个专用的高背木凳子，凳面用石头制作，防止凳子倒地。从凳背拴上需要辫的8~14根线，通常3个颜色，色彩岔开了排列。每根线底端拴着缠线的木轴，木轴下还缀有铜钱，既可拉紧线，又有祈求财富的寓意。操作时双手交替更换木轴，手法与女孩编辫子相同，木轴来回摆动，丝线穿插跃动，形成自然有趣的情景。传统的辫绣制作很讲究，一条辫绣上通常摆放3根辫子，分别代表长江、黄河、五林山脉，记述了苗族人漫长悲壮的迁徙史。历经灾难而又顽强不屈的苗族人依靠这辫绣来维持民族的历史记忆，教导后人不忘故里。苗女所穿的服装，从衣襟、衣袖、衣背、衣边，直到围裙、腰带、裤边、鞋缘，无不镶嵌辫绣。她们用自己的智慧和技巧，把本民族对生活的希冀，巧妙地诠释在苗家服饰这部“无字史诗”中。

苗寨里每逢墟场赶集时，到处都可以看到贩卖剪纸花卉的摊贩，这些剪纸的样式多来自湘西乡村刺绣的图案。早在明清时期，受绘画风格的影响，苗族的刺绣作品也注重写实，因此创作刺绣底稿也需要一定的绘画技

图4-2-1　湘西苗族女性服饰

（左：吉信县苗族妇女墟场赶集，右：草岗苗寨老婆婆打辫子）

巧。后来，剪纸逐渐成为刺绣的雏形。在剪纸的过程中，先用细针在纸面上打许多小孔，形成线条，然后用小剪刀把中间的部分剪掉。将剪好的花型贴在衣片上，并以此为对照，再使用五彩斑斓的绣线，运用不同的针法进行刺绣。

湘西刺绣有代表性的是挑花和绣花两类。用具也很简单，大型图案需要木架，小面积纹样用圆环状的花绷子，也有徒手操作的。挑花就是"十字绣"，主要是根据土布的纹路用绣针在经纬线上作交叉组合成十字针迹，再由无数个十字构成各式各样的花纹或图案。还有一种回复针法，是按图案的形状，每隔四线挑一针，回针到原针脚再挑一次。方向与原先的相反，回线刚好覆盖住留白空间。花纹紧密，正反两面，都出现同样花纹。所以，做盛装的手帕、假袖时多用这种两面花。挑花的布底或黑或白，图案组织活泼、生动，纹样大致有五类：团花、边花、角花、折枝花和填心花。传统的苗家女服多以自绣花边为主，近现代以来因手绣费时费力，故多购买便宜的机绣花片缝在衣服上。但在坊间，仍不时见到古董店搜罗来的近百年的老花衣。从残损破旧的绣片图案中，还可以辨认出熟悉的风俗刺绣"迎亲图"，寓意爱情的"凤穿牡丹""喜鹊闹春""白鹤踩莲"，植物中象征多子的石榴、长寿的桃子，动物中流传下来的"狮子滚球"和"麒麟送子"。这些花样虽然由苗家姑娘独立完成，却和千百年间汉文化中服饰的主题图案一脉相通。可见它不是偶然巧合，实际反映出民族间的文化交融。

苗家绣花与挑花相比，主题似乎大同小异，形式变化却异常丰富，技术也更加复杂。受到湘绣的影响，绣法更是多种多样，无论平绣、结绣、打子绣、剪绒绣等，都巧妙地将传统的工笔画、书法与刺绣融为一体。其中，光亮秀丽的平绣和颗粒饱满的打子绣使用最广。在妇女围裙上角、衣袖、裤脚、鞋帮、兜肚和荷包褡裢，用剪花在布底起样，再去做很多绣花肌理，富有装饰性。苗族民间刺绣工艺以山歌的方式唱出来，流传湘西各地的《刺绣歌》把枝叶如何包花，针脚怎样并列，主花鸟鱼怎么镶针，怎样构图处理才饱满的方法，告诉苗家女子。可见，刺绣传统图案之所以近乎完美，是在漫长的时间里一点一滴无数次改良才得以流传下来，它是祖祖辈辈许多人智慧的结晶，是极其丰富的宝藏。

湘西苗族人信奉万物有灵论，崇尚自然，苗族服饰图案展现出神秘、浪漫的色彩，是苗人对图腾崇拜的直观体现。人们幻想着与某些动物和植物有共同的亲缘关系，创造出夸张的图形组合。例如，美人鱼和人类与鸟类的组合形象等，他们多包含着吉祥的寓意。苗族妇女把对自然和人类社会的认识，以及对美好生活的追求和向往交织在一起。并且在服装上绣上图案，以此来进行祈福。在苗族人的眼里，蝴蝶代表着慈母，因此苗族人尊重蝴蝶，把它绣在衣服最显眼的位置。此外，龙的图案也被广泛运用在服装的刺绣当中，据说他们对龙的崇拜是对鸟类图腾崇拜的延续。

湘西的蓝印花布历史悠久，制作技法有印染、扎染、蜡染等多种，它们各自发挥不同工艺的特殊效果。印染主要用蓝靛和锈水等染布。蓝靛由靛草提取，家家种植靛草，待靛草浸泡、发酵后，倒入石灰水，使其氧化成靛蓝，倒掉清水，凉放后得到膏状蓝靛。加碱和酒，与靛水发生氧化反应，水变成蓝紫色，兑成染液。印染过程中，需要经过反复多次的浸泡、清洗、捶打、蒸煮，再加上刻花版、涂浆上料、刮浆晾版等程序。湘西苗女的头帕都用土染的蓝靛布，凤凰县的苗族妇女多用条纹帕，花垣一带的苗族妇女喜用素的青帕，吉首一带的苗族妇女常在头帕布上蜡染四对蝴蝶。像平面构成，但比平面构成丰富很多，疏密、虚实、点线巧妙结合，简洁明朗，朴实大方。印染图案有的具象，令人联想到一个情节，一个故事；有的则抽象，让人看到各种分割和构图，它一样有思想内容，只不过不是具体的事物，体现着劳动人民智慧。

在当今时尚界，湘西苗族的原始生态民族风被设计师们挖掘出来，并以崭新的面貌介绍给全世界的人民。日本设计师三宅一生（Issey Miyake）充分运用了苗族服饰的原始生态元素。他借鉴了中国苗族传统的百褶裙样式，并用棉布作为原材料，进而推出了享誉世界的皱褶系列服饰“Pleats Please”（图4-2-2）。可见越来越多的世界级设计师对中国少数民族服装的兴趣之浓厚。路易·威登的“80年代”风格服装中也大量采用丝绸、印花、暗纹、刺绣等中国民族民间传统元素。其作品中，鲜艳的橙色搭配黑色轮廓的植物图案，高纯度的色彩搭配原则下，使鲜亮的服装底色不至于太过刺眼，增强了服装整体的视觉和谐性。与之相反的是，当沉着冷静的纯黑色与高色调的明艳色彩相结合时，就会形成强烈的视觉对比，正如富有层次的蕾丝面料与高感光度的绸缎面料搭配在一起时一样，这种大胆的重组，能够使人们获得震撼的视觉体验。

图4-2-2　三宅一生的皱褶系列服饰“Pleats Please”

迪奥的前首席设计师——“顽童”约翰·加利亚诺（John Galliano）一直以来都十分擅长利用全世界各个少数民族的传统元素。因此在他的作品当中，东方与西方、现代与历史、少数与多数总能和谐共生。与其他设计师相比，他完全摒弃了那些千篇一律的现代民族民间风格服装设计手法，转而去追求一种更为新颖出奇的表现形式。因此只要有他在，总是能够为T台注入新的生命力与关注焦点。约翰·加利亚诺本人为了积累创作素材，曾研究了中东、北非、东欧、美洲以及东亚地区绝大多数少数民族服饰，之后他曾公开表示，中国是他“永不枯竭”的灵感来源。例如，他的作品百鸟衣中，就大量借鉴了中国苗族传统服装造型，苗族民间女子佩戴的面纱、银制饰品、鲜艳的绣花图案，以及来自中国古代的铜钱图案等，都为这件诞生在现代的服装蒙上了一层古朴亲和的传统色彩（图4-2-3）。

图4-2-3　约翰·加利亚诺以苗族服饰为灵感的设计

（左：苗族服饰，中、右：迪奥1998年秋冬高级定制秀款）

第三节　现代服装的民间艺术情结

一、从民间艺术到现代时尚艺术

因地域不同而产生的具有强烈中国特色的原生态民族服饰，为时装设计界带来了无穷的灵感（图4-3-1）。

图4-3-1　以苗族服饰为灵感的设计

（左：亚历山大·麦昆设计的银头饰，右：苗族姑娘的银花帽）

伊夫·圣·洛朗一直以来都被誉为极富创造天赋的时尚大师，其于1978年推出的中国风系列一度在海外世界掀起一阵中国服装文化的热潮（图4-3-2）。该系列设计的灵感来源于中国的清代官服，其在款式与造型上借鉴了对襟马褂，上衣在暗背景上设置了醒目的金色和紫色线条以增强层次感，并参考对襟马褂的样式，设计出又宽又短的袖子。整个服装呈现出上松下紧的基本特点，对比鲜明、风格独特。

图4-3-2　伊夫·圣·洛朗1978年推出的“中国风”系列

Stella McCartney以东方花卉刺绣为元素，在单色的裙子上精心点缀蕾丝花朵，或浓或淡，使其显得极为简约、优雅、宁静。同样是精致的东方刺绣，Max Azria在雍容的刺绣装饰设计上镶嵌了许多珍珠，像无数的花朵盛开在华丽的花园，显得华贵纷繁。此外，这些装饰感极强的少数民族元素使整个服装看起来繁复而精美，而其余的部分却只留底料原色，不做任何点染，这样的处理使服装整体上看起来繁简得当、恰到好处。

Jason Wu作为备受瞩目的中国年轻设计师，他将“中国红”更灵活地运用在他的设计作品中。在他的服装设计中，融入了很多中国南方少数民族传统的刺绣图案，通过将腰线提高，彰显出女性胸部的线条美，再将纯红色与水墨色相搭配，使整个设计看起来格外优雅却不失活泼。2012年，Jason Wu甚至将清宫的顶戴花翎、蟠龙刺绣也带上了T台。在他的设计中，民族风不再是单一的存在，而是设计师用个性的手法将其打破并重新组织，呈现出非凡的民族美（图4-3-3）。

图4-3-3　2012年Jason Wu将清宫的顶戴花翎、蟠龙刺绣搬上了T台

凯卓在多年的服装设计实践中，一直不忘关注东方的民族风情。其曾推出了一款黑色天鹅绒面料的民族风格服装，上面醒目的民族图腾图案将人们瞬间带到古老而神秘的东方世界。相比其他设计师，凯卓的作品没有用过多的西方表现手法，高纯对比、线条明晰、明朗轻快可以说是凯卓作品的共同特点，此外，凯卓还尽可能地使这些民族元素以自然、原始的状态在现代得到重生（图4-3-4）。

图4-3-4　2010年凯卓于伦敦V&A博物馆举行40周年庆典时装秀

约翰·加里亚诺使用织锦刺绣面料的手法更显夸张，他的模特穿着像满族龙袍一样的金黄色服装，显得恢弘大气。此外，他还在真皮服装上做

花卉刺绣，东西结合，别有意趣。Dior回归到20世纪60年代的系列设计，延续了以往的浓墨重彩，热烈的红色晚礼服的局部刺着纤细的金色花线，像一尾红鲤，很有中国画里写意的味道。在那些类似杰奎琳·肯尼迪风格的套装里同样嗅得出一丝东方的味道：裙摆开衩处的镶边，上衣夹克的盘扣，都是由满族旗装发展而来的。

另一个颠覆性天才亚历山大·麦昆在任职纪梵希期间的高级定制服曾采用中国的檀香扇制成披肩和裙子，此后他的作品中都能见到中国风的影子。戏曲里的绒球盔头、过去宅门上的镇宅兽、剪纸窗花都是他撷取灵感的来源（图4–3–5）。此外，Thierry Mugler Homme的皮外套也格外引人注目。反复强调的肩部、直立的领子、白色的毛边，让人不禁想起电视剧《闯关东》里的人物。服装品牌Julius的红色上衣，Marella的驼色带白色毛边背心则带有浓郁的藏族服饰风格。而Peetchoo Kreieberg用蓬松皮草成衣打造出因纽特人服饰的效果，显得标新立异。

图4–3–5　亚历山大·麦昆设计的中国民族风混搭时装

乔治·阿玛尼对中国的兴趣不亚于上述几位设计师，而中国传统文化对他的吸引也能够从其作品中表现出来。例如，图4–3–6中展示的服装，该服装的设计借鉴了中国民间的剪纸印花技术，整件服装看似由零碎的碎片组成，但其实内里又有着千丝万缕的联系。模特头上的头饰，其外形特征借鉴

图4-3-6　乔治·阿玛尼设计的中国风时装

了中国古代南方少数民族妇女的头饰，为上面的平面花饰注入了更多的优雅风韵。阿玛尼将中国的国花情结应用在精致的丝绸手袋上，而古驰的白色手袋设计称得上是对民族剪纸艺术的致敬。在中国的青花瓷风靡全球时，古驰又推出一款纯净温和的青花手袋，让整个世界感受到中国恬静优雅的风韵。

随着中国文化逐渐被全世界熟知，越来越多的世界知名时装设计师争相探索中国的民族元素，因而当今时代服装设计越来越显现出民族性与地域性的特点。服装设计如今已经不单是一种技术，而是上升到艺术层面，服饰已经成为表现人类文明的重要形式。服装设计师对东方的民族风格的概括也不再拘泥于水墨丹青，许多中国少数民族的服装文化也逐渐走上国际时装的舞台。

二、民间元素在服装中的创新

“各美其美，美美与共”，这句话用来诠释民族和世界关系颇为恰当。尤其在现阶段，我们必须要看到传统民族民间的文化遗产对现代社会发展的贡献。民族的文化精粹是一个国家历史发展与社会进步的见证，是一个民族思想文化的结晶。因此，每个国家、每个民族的传统文化都是独一无二、不可替代的。对于中国设计师来说，我们自幼生活在特定的文化圈内，因此长年受到中国传统文化的熏陶，对许多民族民间文化都有着最真切的体会和最真实的感受，这为我们的创作打下了良好基础。

虽然我们越来越重视民族传统文化，但也不应该为此自我满足。科技和信息技术的发展拉近了世界各地间的距离，因而文化的交流无疑会越来越频繁。这种交流在很大程度上会碰撞出人类智慧的火花。随着社会经济的快速发展和全球文化的融合，现代服装产业迎来了新的机遇，但不可避免地也造成传统文化特质不同程度的丢失。那么，作为如今的服装产业从业者，如何才能解决这个问题？换言之，我们该如何理性地对待现代服装的全球同质化，如何看待当今传统服装文化的更新与再生，如何判断哪些属于合理的传统文化，哪些属于腐朽的传统文化？

（一）中国传统民间服装文化不同程度的丢失

中国服饰文化是一条绵延之河，相比西方而言它的发展主线明晰，但它既不属于古老的原生文化，也不是单纯的本土文化。回顾中国服装的历史，很容易看到服饰所体现的时代特有的气象，如唐、宋、元、明的袍服相互间有明显的差异，明代的袄裙与清代汉女所穿的也不尽相同。这说明，服饰的发展实际上是将中华各民族的文化熔于一炉的，到了20世纪，又与世界文化融合在一起。服饰要发展，自然紧紧围绕着人们实际生活的需要展开，某些不符合时代的文化会被抛弃，同时也会不断掺入文化新质，令文化再生。如旗袍从旗人的游牧服饰发展成为清朝满族“可识贵贱”的等级手段，继而演变为民国女子争取平等的思想载体，再逐步发展到现今追求传统趣味的艺术风格。这一过程，有文化的断裂，也有文化的继承和再生，体现着服饰文化不断发展的自然规律。因此，在传统服饰文化丢失问题上，不应抱有悲观态度，如同西风东渐尤劲时旗袍着实吸收了不少西洋元素，它被外来文化改造，成为“中西合璧”下“传统又时髦”的女装，这恰好创新了附着在它身上的文化隐喻。从逻辑上讲，这是因为现代文明的气息令旗袍失去了它原有的社会条件，而不是传统服饰文化遭遇了危机。

（二）现代服装的全球同质化现象

现代服装从一开始就不是只供少数人欣赏品玩的艺术品，而是拥有一个非常广阔的消费市场，因此现代服装的发展必须走工业化道路。为了拓展国内外市场，改革开放后，我国服装行业便开始大规模从事原材料加工和服装生产的外贸出口。然而，虽然我国现代服装早已走上了工业化和市场化道路，但人们对现代服装的审美和消费意识尚不成熟。尤其在一些品牌的建设初期，企业往往盲目引进生产，忽视了服装的设计和开发。许多国内早期的服装品牌中有不少都存在成衣缺乏个性特征，款式、颜色和面料的相似性非常严重等现象。在那个时候，大多数服装厂没有从事成衣设计的专业人员。企业领导者通常直接决定服装的设计风格，并单纯靠个人对市场的判断来决定产品的生产。

一旦新款上市，又会被各企业仿制，所以产品上家家相似，几乎都在同一层次上。用纺织商会副会长谭安的话说就是，当时的产品形象就像“地摊货”。显然，生产商把注意力都集中在价格战上，谁也没有投入成本进行设计创新的意识。当时所谓的设计来源，就是各国订货时留下来的设计样品。这样，中国服装业为表现出低价的优势，付出了丢弃产品创新能力的代价，结果使得中国服装反而在市场上失去了竞争力。

这个问题让我们去理性审视设计研发所产生的产品附加价值。现代服装在产业中的核心要素包括三个方面：一是创新设计，二是管理模式，三是营销理念。第一点是决定服装具备差异性和文化品质的关键所在。

（三）民间传统服装文化在今天的更新与再生

随着人们对传统元素的接受度越来越高，一些以民族民间传统文化为主要风格的服装品牌逐渐风靡国际市场，在国内，较为著名的就有“上海滩”等品牌。“上海滩”的服装风格可以说是传统文化再生的代表。其最具影响力的产品是从20世纪前期改良旗袍而来的现代旗袍、唐装、马褂等。这一系列设计深受西方人的热爱。“上海滩”的时装元素不局限于老上海，而且也不限于中国，名为“上海滩”，其实是搜罗全世界存在的儒家文化圈的传统服饰而发展起来的。设计师以竹子作为设计图案，把精美的刺绣表现在大衣和夹克上。

这无疑是利用了东方文化中的“象征主义”，并赋予植物新的特性，这种表现手法对西方人来说是前所未闻的。从这一要素中，我们可以总结出“上海滩”的总体设计卖点，同时利用外国人不熟悉且解释起来寓意十分深刻的民族元素来吸引国外消费。这不仅创造了更多的商业价值，还在一定程度上加速了东西方的文化交流。从“上海滩”的案例中，我们发现它不仅保留了传统的元素，同时也彰显着浓厚的时代气息。由此看来，如果我们希望振兴传统服饰，就必须贴近当代人们的生活理想和审美品位。

例如，“夏姿·陈”也是现阶段极具发展潜力的中式服装品牌，近年来该品牌在向国际高端服装市场进军的过程中取得了喜人的成绩（图4-3-7）。该品牌的设计师深刻地认识到，现在顾客的审美需求早已发生翻天覆地的改变，因此如果将传统的、复杂的、色彩鲜艳的、装饰夸张的装饰强加在现代服装上，则很难获得现代人的认同。因此，该品牌的成衣很少采用手工艺进行制作，在展示天然材料的质感和传统缝制的特殊痕迹的同时，发掘传统服饰的肌理美。这样一来，那些色彩斑斓的传统民族民间装饰便会以时尚前卫的形态重新展现在世人眼前，并散发着亲切的现代主义气息。

图4-3-7　中式服装品牌“夏姿·陈”

第四节　民族风格服装的创意设计

一、民族风格服装创意设计的相关概念

（一）“风格”的概念

“风格”是“作家、艺术家在创作中所表现出来的创作个性和艺术特色”，是人们“应用于品评艺术家、文学家及其作品的美学特征”。

传统意义上的“风格”始终是艺术范畴内的专门术语，主要应用在文学、美术和美学等领域。现代意义上我们所理解的“风格”早已超越了文艺范畴，甚至用于对各种事物和行为的描述，成为“个性”和“特色”的代名词。

服装作为一种视觉艺术，在造型技术和图案构成上往往能够表现出其独特性，而这些特性也具有表层性的特点。因此，服装风格中的“风格”一词往往被视为作品的外观形式，仅仅是对形式的描述，并未涉及作品的“内容”。但事实上，“风格”作为文化特征的体现，不仅涉及产品的形式，也涉及产品的文化内容，这也体现了“产品形式与内容的辩证统一”。因此，仅仅从表面形式上把握服装的风格还远远不够，因为如果仅停留在这一层面，那么服装的“风格”则会显得空洞而肤浅。

（二）“民族风格”的概念

“民族风格”首先是一个文艺理论术语。在文艺领域是指“某一民族的艺术家和艺术作品所共有的思想艺术特色”，是“某一民族特殊的物质生活条件、文化传统和共同的心理、语言、素质在艺术风格形成过程中表现出来的该民族的某些共性”。“民族风格”是现代社会的一个常见词。20世纪80年代以后，社会各界纷纷提出了对民族性和传统文化的重新思考，并开始倡导民族化和打出继承传统的口号。到了20世纪90年代，建筑、音乐、服装等领域纷纷举起“民族风格”的旗帜，在无可逃避的西方文化浪潮与现代价值观的冲击下，就有了中国的“民族风格”一词。

20世纪末以来，“民族风格”一度成为全社会追求的一种时尚，因此“民族风”一直以来都具有很大市场。特别是当我国举办一些大型国际活动时，“民族风格”一直都是该活动的主题之一。许多类型的服装，如礼服、休闲服和各种配饰都带有明显的民族印记。这一趋势已逐渐成熟，受到越来越多人的喜爱和接受。

（三）“民族风格服装”的概念

相对于其他艺术风格服装，如古典风格服装、都市风格服装、前卫风格服装等，“民族风格服装”指带有民族服饰风格特征的现代服装。从形式上看，民族风格服装往往借用民族服饰的一些要素，如结构特征、局部造型特征、图案式样、色彩关系、服饰品、首饰、面料等。

民族风格服装必须具备鲜明的时尚特征。时尚总是处在不断流变之中，流行的因素很复杂，但一经形成潮流后，人们对此总是如痴如醉，竞相仿效。从商业角度来看，时尚的热点也是当季的主要卖点，所以，能否敏锐地捕捉时尚热点，将它巧妙地融入自己的设计之中将是作品成败的关键。

在运用民族元素进行设计时，如果忽视民族元素的时尚性，很容易会陷入盲目状态。因此许多设计师在具体的实践过程中往往很难摆脱原型的局限性，或使设计活动成为一项满足自我好奇心的游戏。所以，在这种状态下，设计师往往很难获得商业上的成功。成功的品牌总是不经意地将时尚因素融入品牌的风格中，既保持了自己的独特形象，又顺应了时尚的发展需求，进而赢得了消费者的青睐。时尚的风向总是瞬息万变，对于服装设计师来说，如何在应对这种变化的同时，保持自身独特的风格，是一个非常艰难的问题。由于消费者的需求是多样的，特别是今天的人们对时尚有自己的理解，人们会根据自己的品位从数万种产品中选择自己喜欢的产品，并将它们搭配出自己独特的风格。面对成熟的消费者和成熟的市场，灵活的设计思维和积极的适应性是每一个现代设计师必备的基本职业素质之一。

（四）“创意设计”的概念

在汉语中“创意”一词有多种含义，有时它偏重于指代“意念”“想法”，有时则表示创造意念、执行意念以及执行意念的全过程。广义的“创意”，是指前所未有的创造性意念；狭义的“创意”是指具体设计作品中完成的形象化了的主题意念。创意具有新奇、惊人、震撼、实效四个特点。

“设计”是把一种计划、规划、设想通过视觉的形式传达出来的活动过程。服装设计就是通过方案表现、传达作者的创意构思，这种传达方式往往以服装效果图、服装款式图、板型制图和立体裁剪等形式完成。服装设计也属于产品设计范畴，作为整个产品创造的设计过程，可被分成“分析、创造、实施”三个阶段。具体来说，它包括设计决策阶段，构思创意阶段，设计阶段（款式、结构、色彩、工艺等），选择材料、制作样品等阶段。

由此看来，“创意”与“设计”的关系是不可分割的。没有创意的设计很难称之为设计，没有设计加工的创意只不过是存在于人脑海之中的一个意象。可以说，创意设计的过程是一个完整的体系，就设计师而言，它不仅具有理性的逻辑，更是一个将感性转化为可视可观的现实存在的过程。也就是说，当我们获得了一个良好的创意，接下来就需要运用设计师的理性思维来使创意设计的理念更加清晰和具体。

二、民族风格服饰诞生的背景

民族风格服饰的诞生，有其独特的历史背景。从世界的范围来看，在20世纪以前，世界各地的服饰是在各自特有的环境下发展，并自成体系的，其间的相互影响比较小。随着20世纪的到来，尤其是20世纪40年代之前，这一时期可谓是西方服装迈向现代化的关键时期。随着工业技术的进步、人们思想意识逐渐开放、生活方式发生巨大改变，人们对生活的追求也逐渐提升到精神层面。此时服装领域为了满足人们新的需求，也发生了相当大的改变。人们开始强调服装的舒适、合体、方便，经过几代设计师的创造，逐渐形成今天我们所熟悉的现代服装体系。

后来，凭借便捷的交通条件、巨大影响力的社会媒体和强大的经济背景，实用、时尚、廉价的西方现代服装迅速风靡全球，自此，国际化的服装体系正式形成。20世纪70年代以后，人们逐渐开始反思国际化服装风格带来的利与弊，一些思想先进的学者认为历史延续性和文化多样性对全人类的发展有着至关重要的作用，在这种环境下，民族民间风格服装开始走进人们的视野。在服装领域，民族主题的表现成为一大热点，如日本设计师高田贤三、三宅一生、森英惠（Hanae Mori）等发布的中国主题、日本主题、印度主题等服装作品，法国设计师伊夫·圣罗兰发布的中国主题和非洲主题等服装作品。

民族主题的表现总是服装设计领域里的热点，各国顶级服装设计师几乎都发布过民族题材的作品。特别是20世纪90年代以后，随着人们生活环境的日益工业化，人们的生活方式离自然越来越远，精神上丧失家园的失落感加剧，使得人们更加渴望返回自然，重温传统，于是本土文化成了人们寻根热望的诉求点，一切原始的、带有泥土芬芳的、纯朴的、热情的乡土文化都给人以极大的诱惑。

民族风格是丰富的、变化多端的、浪漫的、个性化的、装饰丰富的，而这些正迎合了人们的精神需求。也正是由于此，许多国际知名服装设计师都在不断探索民族主题在现代服装中的表现方式。

随着信息时代的到来，各民族之间的差异在越来越频繁的文化交流过程中日趋缩小。尽管如此，这并不意味着人们的审美观和价值观能够完全融合。在这种情况下，人们更加认识到“特性”和“差异”的重要性，开始尊重、珍惜和保护他们。越来越多的珍稀物种和民族文化遗产得到保护，民间工艺越来越受到重视，传统民族服饰越来越流行，这些现象都反映了新时代人类的社会共识。

民族风格强调的正是一个民族有异于其他民族的特殊之处。不同国家和民族，由于地域的差异，导致气候条件、风俗习惯、文化传统、社会经济发展等状况都各不相同，从而形成各自的特点，这是从通俗意义上来理解民族风格诞生的背景。换言之，正是民族间的这些必然差异，带来了不同民族之间具有区分意义的如着装面貌等的差异（图4–4–1、图4–4–2）。

图4-4-1　Vivienne Tam作品

图4-4-2　Mary Katrantzou作品

三、民族风格服饰的创意设计

（一）创意设计的特征

运用民族服装元素设计出来的作品往往包含两个基本特征：一是创造艺术特色；二是创造商业特色。前者主要体现在创意服装的设计上，后者则体现在各类实用服装的设计上，无论是哪种服装的设计，创造价值都是我们追求的最终目标。

民族风格服装的创意设计注重创意的独特性和表达形式的独创性，这里面又包括独特的造型、独特的材料运用、独特的技术手段等。其本质属性为不可替代性。创意设计具有纯艺术性、非功能性、创新性和实验性的特征，因此服装的创意设计能够体现出设计师的真实设计水平。此外，对于现代创意服装的发展而言，其潜在的商业价值往往还与品牌实力、品牌社会形象等要素挂钩。

实用性较强的服装与创意服装有很大的不同。其艺术价值更多地服从于商业价值，并在极大程度上受时尚、市场、经济水平和价值规律的制约。因此，功能化、时尚化和市场化是其设计的基本出发点。其生产的主要目的是满足大多数消费者的需求，并为企业创造尽可能多的利润。

（二）民族风格服饰的创意设计

我国是一个多民族国家，各民族呈现出大杂居、小聚居的分布状态。由于不同地区的风俗习惯和自然环境的不同，不同民族的服装也呈现出不同的特点，这也是我国传统民族民间服装具有多元性的根本原因。这种多元性不仅体现在服装的款式造型、色彩搭配、材料选择上，还体现在不同民族、不同地域间人们的思想状态、理想信念、审美标准等方面。

对于民族服饰的借鉴，绝不是对该民族传统的造型、色彩、表面样式形式上的模仿，而应在该民族服饰文化精神、文化心理、审美趣味、习俗等浸润和深入的发掘中，进行一种文化精神、艺术精神的体现、升华与创造。

作为一个中国人，我们必然会受到本民族服饰文化的影响，而这种影响为我们带来的作用，是我们无法预测的。因此，对于中国的服装设计师而言，无论他是否是一位名副其实的“民族风格”设计师，其作品中都不可能不带有本民族文化的影子，这一点无论何时都是必然的。

香港和台湾地区的一些著名设计师在学生时代大多都留学海外，在完全掌握西方现代服装设计理论后，又重新回到祖国，并深挖民族文化之根本。从他们的作品中也能够看出，他们本身对中国传统服装文化的认同与喜爱。

作为一个地域辽阔、历史悠久的东方古国，中国民族服装具有深厚的文化底蕴和广阔的发展空间，是设计师们取之不尽的素材宝库。国外设计大师在吸取中国文化精髓的同时，中国设计师更不应该忽视本民族的文化，尤其对于当代设计师而言，把真正的中国文化展示给全世界，是其与生俱来的使命与责任，更是他们设计的生命之源。

举例来说，日本服装设计师的许多作品，都得到了全世界的认可，究其根本，除了其作品具有极高的原创性外，还在于日本民族传统元素在其设计中的魅力总是令人难以忘怀。传统的和服造型、精美的刺绣和包裹感极强的造型所蕴含的浓郁的东方风格，征服了各国服装设计师和世界人民。中国的时装设计领域一直在努力走向世界，但走向世界并不是放弃自己的东西，而是应该将传统元素与现代元素完美结合，从而在国际设计舞台上占有一席之地（图4–4–3~图4–4–8）。

图4-4-3　The Blonds作品

图4-4-4　The Blonds作品

图4-4-5　谭燕玉作品

图4-4-6　五色风马作品

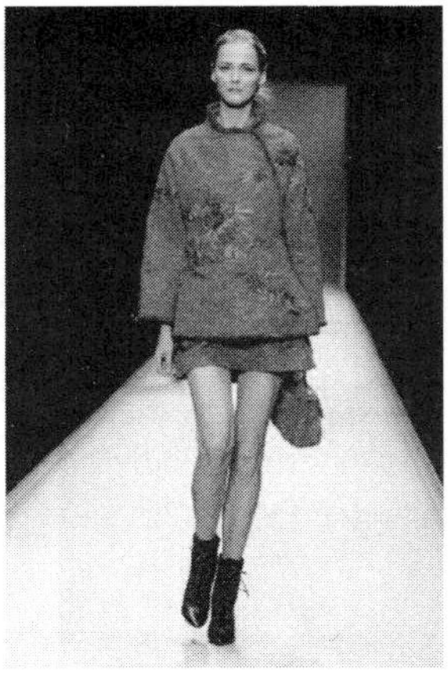

图4-4-7　陈夏姿作品

图4-4-8　殷亦晴作品

1.借鉴民族服饰造型的表现

民族民间服装造型艺术不仅体现了我国人民的审美理念和审美理想，而且蕴含着丰富的传统民族服装创作经验和工艺技巧。只有熟悉和掌握这些民族民间服装造型的创作经验和技巧，才能创作出既有时代感又有民族魅力的现代服装作品。在借鉴和学习民族服装造型的过程中，尤其要注意把握其典型特征，结合时代潮流加以改造，而不是全部照搬。

例如，图4–4–9借鉴瑶族头饰造型的设计作品汲取中国旗袍的服饰造型要素，高挺的中式立领、极为贴身的纤细线条以及绸缎上的华丽刺绣和手绘图案，凸显了女性的身段曲线，精致而古典，既民族又时尚。

图4–4–9　借鉴瑶族头饰造型的设计作品（陈呈）

2.借鉴民族服饰色彩的表现

分析民族服饰的配色规律，积累前人的配色经验，理解、感悟民族服饰深厚、博大、凝重的色彩文化，并将其巧妙地运用到现代时装设计之中，是研究民族服饰色彩的意义所在。

民族服装的魅力很大程度上取决于它五彩斑斓的色彩表现。除了一些由少数民族的宗教信仰和图腾崇拜形成的色彩搭配习俗外，在少数民族传统服饰中很少有其他的色彩使用禁忌。许多少数民族的传统服饰用色大胆新奇、服装呈现出浓艳鲜明的特点，甚至有许多服装的配色采用高纯度的组合。这种组合给人们带来独特的视觉冲击，形成风格鲜明、极具标志性的美感。

云南河口地区居住着许多瑶族人民，在他们的传统装扮中，都有戴红色头饰的习惯，这种头饰在当地也被称为“红头瑶”；云南武定地区的彝族女性和少年儿童则有佩戴红色饰品的习惯，他们认为红色的饰品具有趋吉避凶的作用，同时这样鲜艳的红色能够带给人热烈欢乐的情绪。

景颇族的筒裙通常以黑色为底，上织红色图案，并在红色的基调上运用柠檬黄、橙黄、紫、粉紫、玫瑰红、浅蓝、草绿和白色等颜色，织出色彩对比强烈、异常鲜艳的图案。

少数民族传统服饰的色彩是其服饰的一大亮点，有淡雅素丽的，多用蓝、青、黑等色；有浓艳热烈的，多用红、橘红、黄等色；有色彩较少的，只有数种颜色；有色彩较多的，有十多种颜色。黔东南地区苗族盛装服饰多见朱红色，同时搭配浅黄、浅蓝、紫红和玫瑰红等色点缀；云南陇川县阿昌族的传统民间服装主要以黑色为底色，上面绣各式各样的花纹图案，且花朵色彩搭配鲜艳夺目。如果用心观察，我们就能够发现每个民族的传统民间服装在进行色彩搭配时都十分讲究，并且都具有一套本民族特定的用色准则。

在设计中，我们可以结合当季的流行色，将这些古拙艳美的色彩大面积运用或点缀在服饰的局部上，使服装既有传统的意蕴，又有时尚的感觉。

3.借鉴民族服饰图案的表现

图案作为服装的基本要素之一，是服装文化的主要载体和媒介。尤其是民族服装上的图案，往往具有强烈的民族色彩，因而这些图案也被称为民族图案。民族服装的图案种类繁多、样式夸张奇美，既优雅又不失民间意趣。民族风格的装饰图案一直是现代时装设计师灵感的源泉。特色鲜明的民族纹样作为民族服饰不可缺少的组成部分，以不同的方式反映了各具特色的地域条件、风俗习惯和精神风貌，是设计师不可放弃的设计素材。

设计师常常会选用民族传统图案的一部分进行夸张、放大，作为整件时装的局部装饰，一些图案和用色被简化、概括，连续纹样的循环单元加大，视觉表达强烈。

同时，在设计中，可以选用富有时代感的面料，配用应季流行的款式。选用具有民族色彩的面料或印花图案时，用西化的裁剪手法，将用于绣花或补贴的民族传统图案尽量抽象化、几何化，使得它们更现代，即用现代的服饰材料改造传统民族服饰的形，用优秀民族服饰的意来突显现代服饰形所表达的文化特征，使得设计作品充满时尚感。经过设计师提炼后的民族服饰图案，被赋予了时代的意识和色彩。

装饰物的多彩和丰富也是民族服饰图案装饰的又一个亮点。服饰配件也成为时装设计不可或缺的点睛之笔，影响着整体着装效果。我国各民族服饰的装饰物琳琅满目，有头饰、颈饰、腰饰、臂饰、背饰等，材料也多姿多彩，有金、银、铜、铁、铝，有玉、石、骨、贝，也有珊瑚、珍珠、宝石、羽毛、兽角、花朵、竹圈、木片，甚至昆虫的外壳等，量多质杂，有时会超过服装的华美，设计师可以从丰富的民族服饰装饰物中收获设计灵感，将不同材质重组与再造，同样可以提炼应用到现代时装设计之中。

服装的式样和饰品如果太过复杂，便不会获得广大消费者的认可，其市场业绩也不可能十分突出。因此，当设计师希望设计出符合广大消费者审美的服装时，就要注意服装图案必须具备“朴素”的个性，使民族图案在现代服装中得到适度的修饰，呈现出美观、大气、高雅的特点，进而使其能够在不同的场合穿着。此外，对民族图案放置的部位也要恰到好处，如领口、袖口、前襟、下摆等，将民族图案设计在这些部分，能够使整件服装看起来干净自然。局部点缀是民族风格服装设计的常用手法，染色或原色面料上仅用少量图案，能够减少服装整体的单调感。同时要注意服装上的色彩和图案应该富于变化但不可显得凌乱，务必做到突出重点、主次分明（图4-4-10~图4-4-13）。

图4-4-10　局部图案点缀（秦小童）

图4-4-11　袖口、门襟、下摆设计（杨奕）

图4-4-12　十字挑花边饰设计（王芳建）

图4-4-13　不对称图案设计（胡蕾）

现代服装多呈现出简洁的风格，这也与现代人的快节奏生活有关。同理，由于许多少数民族聚集区，人们生活中保留了更多的传统习俗，因而其体现在服装上就是那些繁复华丽的装饰图案。在相对慢节奏的生活中，人们有时间细细品味那些好看的花纹，慢慢体会那些图案的寓意。但对于现代在都市生活的人来说，太过复杂华丽的服装反而给人一种不知所措的迷茫感，人们更喜欢一眼看穿某一事物的感觉，因而服装的图案越精细，视觉效果就越差。为了迎合现代都市人的口味，设计师可以尝试简化原有的复杂图案并加以利用。例如，一个精致的“云肩”，几个简洁的新月形，不仅象征着团聚，也寓意圆满等，都可以在局部设置，甚至在整个胸部或背部展开，从而体现出一种宽广、大胆的风格。

从图案的使用上可以看出，在借鉴民族服装图案时，为了避免图案过于复杂，可以提取一些民族服装图案的个别元素来突出使用。为了满足一些追求风格统一、装饰完整的消费者的需求，可以利用一些具有民族特色的图案元素，对服装的上下、左右、前后、内外进行整体协调设计，进而使服装展现出一种整齐、完整的视觉效果（图4-4-14、图4-4-15）。

图4-4-14　元素放大使用设计（夏凡）

图4-4-15　元素重复使用设计（胡蕾）

图案与纹样作为少数民族传统服饰的外化语言，是少数民族传统服饰中最为绚烂的亮彩，在它的身上能够折射出各个民族鲜明的民族风格、迥异的审美定势以及不同的表达美的方式。在它的身上，可以看到一个民族的历史传承、宗教信仰、民风民俗以及对美的感知能力。

它是对少数民族传统服饰风格最佳的解读，是各族群众勤劳与智慧的结晶。通过扎染、蜡染、刺绣、镶拼、贴补等工艺手段得到的少数民族图案与纹样，或古朴凝重，或鲜艳热烈，或动感奔放，或宁静内敛，体现了各民族群众不同的生活情趣与韵味。

少数民族传统服饰中的图案与纹样在其诞生之初，主要发挥着实用性功能。这些图案大多织绣在衣服最易磨损的地方，用来保护服装，延长衣服的使用寿命。此外，一些衣服磨损后，通常都要采用刺绣等方式，将磨损处进行覆盖。后来，这些图案逐渐变得丰富且富有文化内涵，随着人们生活水平的不断提高，人们不再需要对一件衣服进行“缝缝补补”，因此这些民族图案便成为服装的装饰，仅仅发挥美化作用。

少数民族服饰传统图案与纹样作为少数民族服饰的一个符号和代码，由点、线、面、体构成，体现了强烈的装饰与审美效果。它们的构成也遵循一定的形式美法则，如对称、对比、统一、均衡等，具有节奏感与韵律感。设计师在进行现代设计时，可以将其打散，将不同的图案进行重新排列与组合，形成所要达到的样式。这其中牵涉到对图案与纹样色彩对比的重组，对不同风格的图案与纹样的打散与重新整合，通过一系列的打散、排列与组合，从而达到节奏与韵律完全不同的视觉效果（图4-4-16、图4-4-17）。

图4-4-16 图案重新整合设计（胡蕾）

图4-4-17 图案对称应用设计（贾孟聃）

少数民族传统服饰图案与纹样或热情浓烈，或洒脱奔放，或淡雅秀丽，或古拙质朴，在艺术与审美上都达到了很高的层次。但同时应看到，传统服饰样式与款式是其最佳的载体，如果将其大面积地应用在现代款式的服装上，则会显得不伦不类。因此，局部的应用不失为一种好的设计方法。图案与纹样用于服装的某些部位，领、袖、衣襟、下摆、胸部和腰部等位置，装饰菱形、三角形、曲线造型的纹样，或将其经过重新设计的特定图案点缀在纯色的面料上，都能得到良好的效果。此外，在利用图案与纹样进行局部应用时，还要注意线条的流畅与色彩的对比。

少数民族传统服饰的蓬勃兴盛离不开特定的时代背景和一定的社会经济文化条件。在中国古代社会中，女性极少出门，主要负责家庭事务，因此她们有大量的时间坐在家中细致地制作一家人的衣服。为了使服装精美好看，她们会潜心研究刺绣等装饰技法。而现代时尚设计一般更讲究简洁、突出作品的一目了然性，更注重含蓄和克制的魅力。因此，简化少数民族传统服饰的图案和纹样，并加以适当的装饰，成为当今时尚界常用的一种设计方法（图4–4–18）。

图4–4–18　采用图案与纹样局部设计的系列设计（陈尧）

4.借鉴民族服饰工艺的表现

一般而言，少数民族服装的式样和裁剪多呈现出一种程式化特色，因此少数民族服装的装饰手段往往能够代表这一民族服装的整体风格。除了装饰手法外，各式各样的传统工艺，如刺绣、镶边、扎染、蜡染、钉珠等也是少数民族服装风格表达的重要手段。这些传统的民族民间工艺本身就凝聚着千百年来劳动人民的智慧，当他们在现代社会出现时，又会以崭新的形式，发出耀眼的光芒。

此外，对民族面料进行深入分析，并选取特定的面料设计也是现代时尚设计的切入点之一。日本纤维艺术界的新井淳一先生被誉为该领域的“鬼才”，他作为国际著名的染织设计大师，常常运用最新创作技术来对传统工艺进行研究，并将其研究成果再次运用到新的作品当中。20世纪70~80年代，他曾为当时许多享誉海外的日本服装设计师设计了一系列的新面料，并由此获得极大的声誉，因此，他也成为英国皇家工艺协会唯一的亚裔会员。近年来，他又将研究的注意力转向了阻燃型金属面料、阻电波新型化纤面料以及光触媒金属面料等方面，这些都是日本在面料方面最前沿的技术。

日本著名设计师三宅一生的作品将时尚新型材料和肌理效果与日本民族服饰相结合，形成独特的时装设计风格，向世界展现了民族服饰工艺的魅力（图4–4–19）。

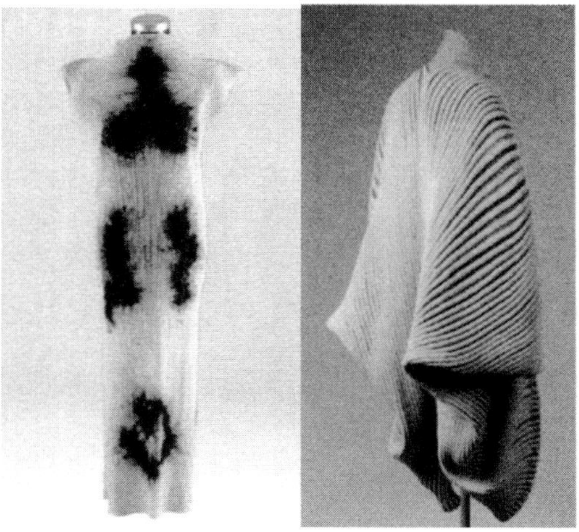

图4-4-19　三宅一生作品

东北虎首席设计师张志峰一直致力于创建中国的奢侈品品牌，通过多年的努力，张志峰在晚装、皮草婚礼服和高级定制华服的设计方面取得了瞩目的成果。一直以来，他坚持以文化感、民族感、历史感和时尚感为基本的设计理念，并注重民族性与世界性、传统性与现代性的交融，在全球文化的共通点上探索中国传统服装文化的复兴与发扬。

在国内各大时装品牌中，最常见到的民族民间服装元素便是类似满族旗袍上中国结的盘扣工艺。这种利用现代设计手段对民族题材和元素加以时尚审美理念的再表达，对民族因素进行符合民众心理和设计师审美意趣的再演绎，是对流行文化和民族传统的再发展。但这种单纯地从形式上向传统民族民间服装靠拢的做法还只停留在探索民族民间服装现代化发展的初级阶段，只有从服装主题上下功夫，才可能推动民族民间风格服装的进一步发展（图4-4-20）。

图4-4-20　应用盘扣工艺的品牌作品

传统民族服装艺术的意境在于朴素、超脱、细腻、含蓄。传统与时尚美学的结合点可被看作是传统民族服装创作的基本理念。就一件服装艺术作品而言，作品的完善程度是判断一件设计作品是否成功的关键因素。为此，设计师需要熟练掌握和理解服装的各项组成元素。不仅要注意把握情感在服装中的运用和体现手法，还要在自己作品基本形态的基础上建立起对服装本身的“知性理解”。因此，在民族服装元素能够被“知性理解”的前提下，通过时尚的设计手法，才能够重新定义民族服装独特的结构及其丰富的色彩、图案、材质和工艺特点。

民族手工艺是展现民族服装特色的重要手段，这些手工艺方式有的直接用于面料或服装加工，如扎染、蜡染、抽纱、刺绣、雕花等工艺；有的则以面料、服装之外的饰品、配件形式存在，起到展现民族特色、修饰服装的作用（图4–4–21、图4–4–22）。

图4–4–21　应用刺绣工艺的作品

图4–4–22　蜡染面料应用

这些精美的民族民间工艺技术虽然有一部分已经进入当代设计师的视线，但仍有大量的此类元素尚待发掘。对于当代服装制作来说，手工加工的成本十分高昂，因此对于普通服装生产来说，一般不使用手工技术，但对于高档服装而言，加入手工制作能够充分开发手工艺的精华，使其具有独一无二的特点。这样一来，不仅可以丰富现代服装服饰，而且可以为服装业创造一定的经济效益。另外，采用现代高科技手段替代手工加工，如利用电脑绣花进行机械刺绣，在面料上进行仿挑花、打籽等刺绣效果印染等加工方法，可节省时间，降低成本；也可在面料上进行刺绣图案数码印花，非常容易进行个性化设计；水晶烫片已发展得非常成熟，可以快速地将设计图案呈现在面料上，形成华丽的珠串效果。将这些机械化生产的仿民族手工艺方式用于现代服装，同样能体现民族手工艺对现代服装服饰的贡献（图4–4–23）。

图4–4–23　现代服装中的仿民族手工艺

（左：数码印花技术，中：现代工艺的织锦服装，右：仿刺绣效果印染面料）

总的来说，时装的民族主题设计虽经过许多设计师反复争论、切磋，但其发展的总趋势是极度表面化的民族特征的设计越来越少，而民族文化内涵以及时装中多民族的民族性融合更为多见，这使得现代时装艺术最终保持了生命力并实现了存在价值，即继承民族传统不能生搬硬套、拘泥成规，而应合理取舍，融入时代气息。在民族主题的时装设计中，诸多元素的整合运用只是流行的异化手段。最基本的设计要求是流行性，而最终的设计目的是商品性。

第五节　民间生肖文化在服装设计上的现代性转换

今天，全世界都在关注中国，在愈演愈烈的“中国风”热潮里，有一个大的民间文化主题尚在被忽视的角落中，这就是生肖。生肖是扎根民间的中国传统文化符号。轮流值岁的十二生肖，作为远古遗留的一组活文物，给今天的人们带来了无穷乐趣，寓有岁岁吉祥、时时平安的祝福之意。一般认为，生肖肇始于先秦时代，此后，生肖成为备受工匠关注的造型题材，出现在器具和建筑的造物历史中。

与十二生肖有关的古代和现代民间艺术形式有很多。早在唐代，十二生肖主题的青铜浮雕镜便十分流行，寺庙中供奉着十二生肖神，圆明园中的十二生肖的喷水计时器等，都是古代设计对十二生肖形象的利用。元、明时期的旌旗和彩塑上也采用十二生肖作为装饰。这些珍贵的艺术作品从侧面反映了过去人们对十二生肖吉祥图案的热爱。

如何把传统生肖元素运用在服装上，穿出时代感？

很长时间以来，设计师穷尽其力地找寻方法，让传统服饰变得更实用，后来发现，那些体现中国味道的衣服，不是太中古，像老古董，就是太夸张，像戏服。传统元素如果脱离了现实环境，再奇特的设计都会被丢在一边。找对我们自己的服装语汇，才能为传统文化焕发生机提供可能。

以生肖为例，把与生肖相适宜的图案和传统技艺，通过现代化的表达方式运用到生活中，达到实用的效果，就能变身成"摩登"精品。也就是说，为了恢复各种文化符号，必须要与西方的现代着装方式相结合，尤其要用到西方的剪裁方法、高品质的面料，再加上中国古老的手工艺与图案，巧思改良以后，创作出独特优雅的中国时装。

生肖的运用一定要有主题性、有选择性地展开，如果设计师希望将十二生肖全部融入一件设计中，则要考虑其数量是否太多、大小如何设计、其形象在服装上的疏密安排和形象风格、工艺手法等多个问题。生肖在时装中的合宜问题至少有三种情况：首先是十二种动物齐亮相，具有生生不息的含义。如果只有一个属相，并没有太特殊的意义，汇集在一起，民俗底蕴才能油然而生。例如，清代苏州刺绣，以十二生肖图案装饰袖边，流露出浓浓的生活气息。畲族妇女编制花腰带，十二生肖也是传统的图案。其次是若干属相组合，体现文化的依托与集结。十二生肖两两相对，六道轮回。例如，鼠和牛、虎和兔、龙和蛇、马和羊、猴和鸡、狗和猪，构成中庸思想。最后，单独一种属相出现时，往往是在表现值岁的生肖，每年春节前后生肖文化都会热上一阵，"单人照"式的属相有较强的时效性。凯卓把抓绒套头衫上刺上了抢眼的生肖虎头图案，用一种热烈、醒目的状态演绎出中国的生肖文化，极具戏剧张力（图4–5–1）。

通常，生肖主题的服装多以直接的生肖图案进行表现，在服装设计的过程中，生肖图案不能过大，否则会显得整件衣服繁杂臃肿。为了使生肖形象更为逼真，则需在图案与服装之间的体量关系上下功夫。设计师谭燕玉一直对中国元素情有独钟，她曾以"十二生肖"作为主题设计过一整场时装秀。谭燕玉将生肖文化与军装风格融会结合，呈现形式并不是明显的十二种动物，更多的是隐约和含蓄：羽毛装饰的长款方兜马甲里暗藏着剪纸样式的生肖图案，军绿色塔夫绸抹胸裙上装饰着红色折纸的生肖图案，兽纹网袜别出心裁地道出生肖特征，下摆将立体花朵贴片与生肖图案巧妙结合。谭燕玉接受采访时说："在中国，我们深深地意识到我们所面临的矛盾，我们对传统文化充满崇敬之情，但同时又要努力赶上现代的脚步。”

图4-5-1　凯卓在虎年推出的生肖虎头衫

谭燕玉对生肖的兴趣不仅表现在这场时装秀上。长期以来，她对生肖文化的解读和再利用进行了大量的尝试。2011秋冬女装系列，她设计的一系列服装就取材于中国古代民间的十二生肖图腾，并突出了龙和蛇的形象。她的作品采用传统工艺对现代风格的色彩进行表达，将龙鳞图案用三维雕塑效果展示出来，并采用中空透视技法将双蛇纹和剪纸龙蛇纹与现代服装进行组合。从这些服装设计作品中，能够展现出中国传统文化的独特魅力，是传统艺术元素踏入新时代的重要的一步。虽然采用了传统的图案，但整个作品却展现出了非凡的前卫性与时尚性。

生肖形象本身具有很强的装饰性，因此每年牛仔时装品牌惠美寿（Evisu）都会推出相应的生肖主题产品。例如，2013年，惠美寿推出了专为蛇年设计的牛仔裤，上面以皮革压印的工艺，将蛇皮纹样和“蛇”的象形字作为装饰元素，突出强调了蛇皮的效果和质感（图4-5-2）。每条限量的牛仔裤均配以具有珍藏性的主题木盒，刻上生肖字，成为别致的收藏品。2012年，惠美寿曾推出过Evisu Gold Edition牛仔裤，以金线在背面做刺绣，采用密集且复杂的缝纫工序，将“龙”纹图案富有层次地表现出来，后兜处特别印上朱红色日本字“龙”，使整条裤子主题突出。

图4-5-2 惠美寿推出以蛇为设计概念的牛仔裤

耐克也在各个专业运动系列中推出过生肖产品。蛇年特别款的皮袖棒球外套，加入了蛇鳞的压纹，右胸有代表蛇年的“癸巳”“天龙巨蟒”字样。龙年里，以龙袍为设计灵感的夹克衫，其羊毛衣身与皮袖拼接，左臂镌刻甲骨文的“龙”字样。内衬宛如一幅精致华美的彩色刺绣，主体图案为腾云驾雾的龙形，四周缀有龙爪，下部绣有五彩云纹，呈现出潜龙腾渊之感。而背部则是黑色刺绣的龙爪图案，与内衬的龙爪相呼应。

生肖主题往往具有庄严和谐的特点，其制作工艺往往是对传统的继承与发展。如图4-5-3所示，这是一件以十二生肖中“兔”为主题的礼服设计，黑色为底的裙装优雅而静谧，如同漆黑、安静的夜晚，裙身上绘着“月兔捣药”的图案，犹如将月宫中的场景映现在眼前。在该件礼服上“古典工整之美”被展现得淋漓尽致。现代服装更强调配饰的作用，为了使礼服的穿着效果更加完美，通常还会搭配风格统一的配饰，使整套服装看起来更加完整。

图4-5-3 “月兔捣药”礼服

男装品牌登喜路特别推出2011年农历兔年限定配饰系列，包括银质兔子袖扣、钥匙圈、吊饰与领带（图4-5-4）。兔形袖扣、手机吊饰和钥匙圈采用纯银抛光工艺制作，兔子的造型生动可爱。兔年领带采用重复小型图案的简洁设计，在中性色彩的灰蓝色系丝翔上印制出奔跑中的兔子形象，为兔年的生肖人士提供“应景”的服饰配件。龙年时，谭燕玉也曾专门设计过一条“龙之吻”围巾，该围巾运用高超的刺绣技法，将剪纸一般的中国龙的形象融入围巾，并巧妙地运用了撞色拼接的表现手法，使龙的形象活灵活现。

图4-5-4　登喜路兔年限定配饰系列

十二生肖运动鞋，是众多运动品牌每年必做的主题（图4-5-5）。作为生肖系列运动鞋的始祖，耐克从2002年开始每年推出一款生肖运动鞋，成为运动鞋迷的收藏之作。2002年马年运动鞋作为耐克生肖系列的开山作，以红为主色，鞋舌印有“马”字样，鞋垫上有骏马奔腾的图案，以点出“马到成功”的吉祥含意，后跟绣有“华”字样，显著地标明生肖鞋款的特色。2003年羊年的生肖运动鞋为全白配色，鞋舌以羊形作图腾，配合鞋垫上的“带领”二字，突出“领头羊”的意味。

2004年猴年，耐克以剪纸技术为灵感，设计了鞋侧的猴头图案，左右脚的鞋垫则分别印有“戊”“申”字样。2005年鸡年生肖运动鞋在脚跟上以小篆体书法绣上“凤凰”二字，以鸟中之王凤凰代替鸡也是别有新意。2006年狗年生肖运动鞋以藏獒为主题，鞋面印有藏族传统服饰的花纹，鞋带用绿松石的青色打造，脚跟的“獒犬”字群与棕色毛发细节相当突出，外形十分花哨。2007年猪年生肖运动鞋鞋面以小猪皮肤的粉红色作为设计，后跟加入象征猪尾的旋涡纹路，鞋垫上亦有红金色猪年图案。2008年鼠年生肖运动鞋后跟印有抢眼的“鼠”字样。2009年牛年生肖运动鞋以牛的坚忍形象为概念，用中国军装的配色，鞋舌上印有“刻苦耐劳”字样，诠释了“牛”勤恳、踏实的精神。2010年虎年以圣兽“白虎”为主题，鞋面印有虎纹图案，鞋头部分亦有毛绒皮质点缀。2011年兔年生肖运动鞋以“大白兔”奶糖为灵感，乳白色的中底配以红蓝两色，与“大白兔”的包装配色相一致。2012年龙年生肖运动鞋以历代皇帝的“龙袍”为设计灵感，鞋舌印有腾云驾雾的龙形图案，鞋垫上亦有云朵纹路与红色蝙蝠图案，寓意“吉祥如意”。2013年，耐克推出了全新的蛇年生肖系列，该系列以喜庆的红色为基础色，在设计中融入了多种蛇皮元素。到了2014年，耐克已经连续完成了12年的生肖主题设计，实现了耐克十二生肖全系列的完美收官。

图4-5-5　耐克的十二生肖运动鞋

日本第一运动品牌鬼冢虎（Onitsuka Tiger）为纪念品牌成立60周年，从“干支”出发，结合十二生肖，特别邀请日本设计师Takeshi Fukui与荷兰漫画家Erik Kriek共同创作了十二生肖的前六生肖系列鞋款（图4-5-6）Takeshi Fukui将刺绣和压花设计到皮革上，使鼠、牛、虎等生肖呈现出手绘独有的细腻质感；Erik Kriek则以其个性鲜明的漫画风格与色彩，绘出西方人眼中的兔、龙、蛇等生肖形象。

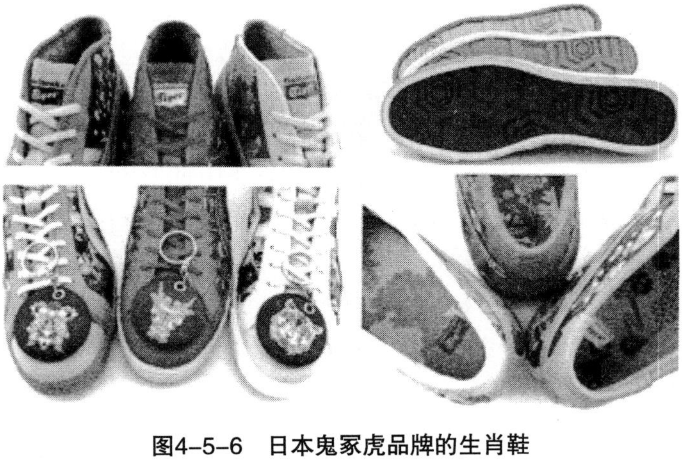

图4-5-6　日本鬼冢虎品牌的生肖鞋

我们有理由说，关于生肖的研究，不仅是文化溯源的跋涉，还是现实生活的巡礼。十二生肖中的每一个形象都给人一种亲切感和信任感。生肖在现代生活中有着独特的品位。中国人一直认为生肖文化能够给人们的生活带来幸福，随着中国文化的对外传播，世界上越来越多的国家和人民开始对中国生肖文化感兴趣，并相信生肖也能够带给他们好运。由此看来，服装设计要发现民俗文化，并把民俗文化的表现形式恰当地转化为现实的东西，让这些民俗文化恰当地出现在我们的服装中，带着美好的愿望走进我们的现代生活。

第五章　中国民族民间文化在现代服装设计中的应用

服装设计最重要的是创新，只有不断进行创新，服装的发展才具有生命力。将民族和民间元素融入服装设计中也可以被视为是一个创造性的过程，因此在实践过程中不能机械地复制或简单的模仿。然而，如何创造性地将民族民间元素融入当今的服装设计中，使服装设计不仅停留在美观的外表上，而是在注重美观的同时，将传统的文化精神和深刻的哲学内涵一并融入其中，是当代服装设计师不可回避的问题。

第一节　历史的追问——民族民间服装文化的解读

关于传统服装文化，日本著名服装设计大师三宅一生曾说过："传统并不是现代的对立面，而是现代的源泉。"要寻求具有我国传统服装文化的魅力所在，首先要集中精力研究我国的古代文化，从根本上把握和思考其核心价值，然后用现代时尚的语言来进行诠释。

一、民族民间服装与生存环境

无论哪个民族，都生活在一定的自然环境和生态关系中，因此任何一个族群的历史文化发展都不得不接受自然本能的制约。黑格尔曾指出，"每一件艺术作品都属于自己的时代和民族，都有自己的特殊环境，都取决于自己的特殊历史和其他观念或目的"，因此，对民族民间服装的研究应该与相应的生存环境结合起来。由于自然环境的地理位置、气候和自然资源的不同，生活在不同地区的人们存在着不同的生态关系和生产方式。他们对服装的款式、制作、材料、图案和色彩的选择肯定会有所不同，也正是因为此，才造就了鲜明的民族服装特色。

从自然环境和耕作方式的不同来看，各民族服装款式和材料上体现出很大的差异。如居住在松花江、黑龙江和乌苏里江沿岸的赫哲族、部分鄂伦春族和鄂温克族，自古以来靠渔猎为生，其服饰的材料往往是就地取材，以野生的鱼皮和牲畜皮毛为主（图5-1-1、图5-1-2）。《黑龙江志稿》载有赫哲人“居无室，尤喜捕鱼，衣服冬著鹿皮，夏著染色之答抹哈鱼皮”。赫哲族人的鱼皮服极有特色，鱼皮具有耐磨、轻便、不透水和不挂霜的特点，通常是选用三、四尺长的大马哈鱼、鲈鱼等，剥皮后，用木质的工具制成革，然后采摘一种植物，煮水染成紫红色、浅黄色或绿色，再剪裁缝制。分布在内蒙古草原、青藏高原一带的蒙古族藏族、哈萨克族、塔吉克族、裕固族、柯尔克孜族、达斡尔族等，他们均以畜牧为主要生活方式，通过蓄养和放牧牲畜从自然界中获取衣、食、住、行所需的物质材料，与渔猎民族相比，他们制作服饰的原料更加丰富，其服饰多以牲畜的皮毛或经过不同程度加工的毛织品为原料，款式多宽松肥大、便于骑乘的以袍式为主的服装，基本结构是大襟、长袖、肥腰，并展现出一种气势庞大的风格特色（图5-1-3）。

图5-1-1　鄂伦春族人的服装材料以动物皮毛为主

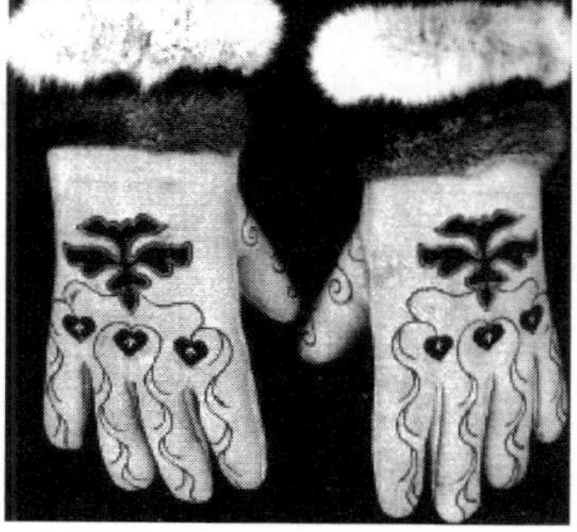

图5-1-2　鄂伦春族人用的皮质手套

图5-1-3　与青藏高原生存环境相协调的藏袍

生活在气候寒冷的山区和半山区的农耕民族，如苗族、羌族、彝族、独龙族、傈僳族、普米族等，为适应山地昼夜温差大、晴雨无常的自然环境，这里的人们一般都喜欢在日常的布、麻等衣服上，加披羊皮或羊皮披毡，穿皮褂子。羊皮和羊皮褂经过简单鞣制，毛柔皮硬，冷时毛向内，稍暖时毛向外；晴天毛朝里，雨天毛朝外（图5-1-4）。披毡在川、滇凉山彝族中几乎不离身。它厚实宽大，可围拢裹住全身，也可打开作为垫、盖，晴可遮日，雨可避水，日作披风，夜为被盖。怒族、独龙族喜披裹麻毯或棉毯，这与怒江峡谷的地理气候和物产有关。还有生活在海拔较低，气候温暖的河谷、坝区、丘陵、平地等地区的傣族、哈尼族、白族、壮族、瑶族、黎族、侗族、阿昌族、基诺族、水族等民族（图5-1-5），衣裙一般都较短，穿着的季节变化不是很大。上身主要着布衣加短褂，下身着裤或短

图5-1-4　羌族人身穿的皮褂子（刘天勇摄）

图5-1-5　生活在气候温暖坝区的白族服饰（刘天勇摄）

裙，裙子式样较多，有百褶裙、筒裙等，喜着绑腿，防山林中的荆棘，也防毒虫；夏天防蚊虫叮咬，冬天可御寒保暖。

自然生态环境同样也影响着民族服饰的色彩和图案的选择。华夏民族在相当长的一段时期内，将黄色视为正色。帝王登基时穿黄色龙袍，皇后、宫娥的服色多为黄色，甚至老人谢世时，也要穿黄色寿鞋。他们将黄色推之为赤、橙、黄、绿、青、蓝、紫七色之至尊，这应该与黄土高原和黄河流域的哺育息息相关，是黄土地和黄河水给了华夏民族赖以生存、繁衍后代的条件，于是对黄土、黄河水的色彩产生了一种特别的敬仰心理，从而通过服饰的色彩表现出来。

民族民间服饰的图案选择更具意义。关于各民族图案的起源有很多传说，其中有些与该民族特定的自然环境有关。水族妇女就是这样解释衣服和裤子上的花边图案的：很久以前，水族生活在山林之中，这些原始的山林中有很多毒虫和毒蛇，因此人们在外出砍柴时常常被毒蛇咬伤，许多水族男子都因此而丧命。后来，一位聪明的女孩发现毒蛇害怕一种图案，便将这种图案绣在衣服的边缘，包括裤腿、袖口、领口等部分，以此来吓退毒蛇毒虫。由此可见，各民族的民间服装之所以千差万别，与其所处的地理、气候、物产等自然生存环境的不同是分不开的。

二、民族民间服装与社会角色

每个人都要在群体结构或社会结构中充当一定的社会角色，特定的群体结构或社会结构又是由众多的社会角色组成的。为规范各种社会角色的观念和行为，服饰成为一种直观或象征的规范样式。不同样式的服饰规范可以界定人的性别、年龄、身份、等级、权力、族群等各种角色。不同的角色通过一定的服饰穿着，实现自己的角色认同并进而实现文化认同。

（一）“阴盛阳衰”的性别特征

我国各民族服饰都有一个共同现象就是“阴盛阳衰”，女子服饰色彩斑斓，饰物丰富；而男子服饰相形见绌，简约朴素。众所周知，服饰的一个重要作用是区分男女，使男女有别，便于社会管理。男女服饰之别是服饰作为特定的礼仪文化约定的一种选择，这种选择是建立在男女阴阳之别、分工之别、生理之别和男女性别的价值观念基础之上的。如传统的“男主外，女主内”的生活模式。“主外”的男子为户外生产和骑射作战之便，服饰趋向于简便、精干，大多以宽肩、直线轮廓造型为主；服饰的色彩单一，装饰和配饰不多，充分显示男性的勤劳与力量，服饰注重的是实用效果。“主内”的女子其服饰趋向于“内务”风格，多有胸兜、围裙等类物。服装款式多样，饰物丰富多彩，装饰繁复细密，色彩明快强烈，充分显示女性的聪颖与灵巧，服饰注重装饰的审美效果。

（二）指示性的身份年龄

社会角色不是固定不变的。通常情况下，一个人需要根据不同年龄段的具体情况来认识自己的社会角色。许多民族的成员根据自己的群体和年龄的规律来调节自己的着装行为，所以有童装、青年装、老年装、婚前婚后服装等，这些服装本身就包含着对一个人年龄及社会角色的区分作用。

例如，云南宁蒗永宁等地区的纳西族女子，在13岁前穿麻布长衫，不着裤子。满13岁时。则举行“穿裙子”礼，开始脱去长衫，换上右衽短衣，下穿百褶长裙，束花色腰带。穿裙子对纳西族女子来说，是成年的一种标识。哈萨克族的未婚姑娘戴毛皮制作的圆顶帽，帽顶绣花，插猫头鹰羽毛，嵌有珠子等装饰品。姑娘出嫁时戴一种名叫“沙吾克烈”的尖顶帽，帽里用白毡衬托，帽外用绸缎或丝绒制作，面上绣花并用金、银、珠玉装饰，富丽堂皇，光彩照人。婚后一年之内，还戴这种帽子；一年之后，则换戴花头巾；生了孩子，再换戴一种叫“克米谢克”的头饰。许多民族一生不断地改变发式，同样用于标识其身份年龄。凉山彝族男子成年时，必须留统一发式，多蓄发结椎髻于囟门，谓之“天菩萨”。

（三）等级分明的冠服制度

人类社会自从有了贫富差距后就有利用服饰来划分等级的现象。汉代贾谊在《服疑》一文中写道：“是以天下见其服而知贵贱，望其章而知其势位。”服者，即衣服的式样；章者，即衣服上的纹样图案。新中国成立之前，西南一部分少数民族中，特别是藏族服装的等级划分比较明显，藏族服饰图案中八个圆团金龙纹是官府中四品以上官员的专用图案；官员和贵族穿锦缎、丝绸和呢绒，冬季穿羔皮和裘皮；平民老百姓则穿棉布、毡、老羊皮等。普通僧民与僧官活佛的服饰差别也很大，反映了级别、教派等的差别。在西双版纳傣族中，过去曾有一套等级分明的冠服制度，最高领主“孟”级（包括其血亲）用丝棉绸缎，下面的属官“翁”级用细布，农奴只能用一般衣料。服饰的尊卑等级，尤以妇女衣着为显著。“孟”级女子的衣服花边可装饰三道花线边，筒裙可用金丝线织三道以上的彩圈，可以绣上金色龙凤；“翁”级女子衣服可装饰两道花线边，筒裙可镶绿线边，用银丝线织1~2道彩圈，绣以银色星星花纹图案；劳动妇女的衣服只能着一道花线边，筒裙禁用花线边。

（四）范式化的族群

西南少数民族中，有不少用服装色彩来区别不同群体和部落的情况，如清代典箬中就把苗族按服装色彩不同而分为了白苗、红苗、黑苗、青苗、花苗等。也有用款式来区别不同群体和部落情况的，如“长裙苗”“短裙苗”。这种视觉上传达的范式化，清晰而明确地区分着族群。同一族群身着同一种类的服饰，通过色彩上、款式上的范式化，提出了与此相关的一系列的道德和行为规范，从而维持一个民族社会的、政治的、经济的、文化的乃至婚姻习俗等制度，强化了一个民族的凝聚力和向心力。

三、民族民间服装与传统节日

每个民族都有自己的传统节日，为了庆祝重要的传统节日，他们往往会穿上隆重的服装、载歌载舞。如彝族人的火把节，傣族人的泼水节（图5–1–6），苗族的姊妹节、踩鼓节、芦笙节等，土家族的跳马节，白族的三月街节，壮族的拜山节等。这类节日庆典中的服饰可不是家常服饰的简单照搬，而是经过了精心的艺术加工，无论是用料的选择、色彩的明艳、饰物的精美，都要比平日的服装更集中、更典型化，因而民族特色也更为浓烈。

图5-1-6　傣族人的泼水节

苗族的传统节日，无不是苗族人盛装的展示会。每逢农历二月十五的姊妹节，不论男女老少都要穿上最隆重的服饰出场。以年轻姑娘为主，她们穿上色彩艳丽的华贵衣裙，佩戴银光闪闪的银帽、银角、银花、银衣等银饰品，以展示自己的美貌和富有，如果服装绣制精致、银饰繁复，就会获得人们的称赞和羡慕。姑娘们在节日活动中，通过对歌交朋友，看中某一男青年时，即将自己精心绣制的服饰品，如花带、背牌作为信物，赠送给对方，许多有情人终成眷属，皆是这节日和服饰的功劳。苗族人把这种节庆期间穿着的服饰称作盛装，平时盛装是珍藏起来的，到节日时才将它取出，到芦笙场前才将盛装换上，节目过后即刻脱下，将其保存好。在贵州台江、施洞、雷山等地区，盛装的绣花极为精致，一套盛装百褶裙的褶多达500多个，银饰有50多种，用银达8000克，往往耗费一户苗家毕生的财力。充分说明了苗族人的盛装对于节日的重要性。

彝族人崇拜火、尊敬火，每年农历六月二十四或二十五要举行盛大的火把节。在彝族山寨，到了火把节之夜，村村寨寨都要竖起一个高高的大火把，各家的小火把放在大火把周围，以示团结齐心。火把节来临，人们要穿上节日盛装，围着火把唱歌跳舞，夜晚举着熊熊燃烧的火把，绕住房和田边地头巡游，边走边唱，火把与火把相连，形成条条火龙，蔚为壮观，这样的仪式通常会通宵达旦。与火把节遥相呼应，彝族节日服饰上也到处绣有火纹样，如云南石屏、峨山地区彝族女子衣服全身以红色调为主，其肩头、衣袖及衣下摆处常绣着精美的火焰纹样；巍山彝族妇女的帽子上缀着火花似的花球，小孩穿“火花”鞋；凉山彝族服饰上的主体纹样是火镰纹。火把节也是彝族男女青年选择对象的节日，人们在节日里接触、认识以及谈情说爱，因此，节日期间隆重的服饰也是彝族人们展现美的方式，受到普遍重视。

景颇族人农历正月十五以后的第九天要过目脑节，目脑是“大伙跳舞”的意思。目脑盛会极为壮观，也是一次盛大的服饰表演。欢庆的人们要围绕圆形场地跳舞。参加盛会的景颇男子跳起长刀舞，他们清一色白上衣、白包头，包头的两端扎成垂肩的英雄结，并缀有彩色小绒球和图案花边；腰系镶银的刀鞘，手持精美的长刀；肩挎银饰彩包，一个个英姿焕发，舞步矫健。盛装的女子头戴红帽子，身穿一色的红筒裙，紧身黑上衣缀着几十个闪光的银泡和银坠；手持彩帕、花扇、花伞；颈脖上挂着好几个闪光的银链和银项圈，耳朵上戴银耳筒，手臂上戴银手镯。银光闪闪，光彩照人。目脑节要延续3~6天，盛装的服饰加上人们多姿多彩的歌舞使得节日在欢乐的气氛中达到高潮。

从以上的概述可以看出，民族民间服装的形成有着深厚的历史渊源和丰富的文化底蕴，民族服饰得以长期保存和延续至今，也是因为根植在深厚的民族文化沃土中。我们从民族文化中可以看到民族民间服装存在的广阔空间。当我们将民族民间服装元素运用到现代时尚设计中时，是不能忽视其中的文化内涵的，解读民族服饰文化，感受民族文化内涵影响下的不同服饰美，是服装设计者的基本素养之一，有助于设计水平的提高。

第二节　汲古创新——民族民间服饰元素的借鉴

历史在发展，“越是民族的就越是国际的”这个论断也在不断发展。我们对民族民间风格时尚设计的认识不应是对襟、立领、盘扣、刺绣、印染、编织、绸缎等元素的堆砌，民族民间元素的再现只是外化的具象的“形”，真正需要抓住的是民族民间文化抽象的“神”，这是一个打破和再创造的过程，打破民族民间服饰中不适应现代生活的样式和服装结构，突破我们对民族民间服饰的具象认识，抽离出民族民间元素的本质精神，将民族民间元素符号进行再创造，是民族民间服饰元素借鉴的一种方式，最终目的是设计出既有时尚感又有文化底蕴的现代服装。

一、造型结构的借鉴

造型结构是服装存在的条件之一。服装造型可分为整体造型和局部造型。整体造型不仅是服装的基本机构框架，也是服装轮廓所展现出的基本形态，它也是最先进入人眼球的视觉元素之一，因此经常被用作描述一个时代时尚潮流的主要特征。服装的轮廓是服装风格变化的关键，对服装的外观美起着至关重要的作用。局部造型即指服装的领、袖、襟线、口袋、腰带、裤腿、裙摆褶裥等部位细节的变化。我国民族民间服饰不论是整体造型还是局部造型，都十分丰富，但均有规律可循，就是绝大多数民族民间服饰的造型属于平面结构，平面结构服装的裁剪线简单，大多呈直线状，其表现效果是平直方正的外形，主要依靠改变服装款式的长短、宽窄、组合方式、穿着层次来进行造型。从形式感的角度来分析，值得借鉴的有对称与均衡、变化与统一、比例与尺度、夸张与变形、重复与节奏等方式。

（一）对称与均衡

对称形式一直被认为是一种原始的自然形态，它以各种各样的意象形式传播开来。在大自然中，这些图像形式包括树木枝叶的排列、花朵的分瓣和结构划分、自然界各种动物的形态结构、人体四肢、五官和骨骼的结构设置等，都呈现出相应的完美对称状态。自然界中的这些对称形态普遍存在，因此可以说是反映了整个宇宙的普遍规律。绝对对称在服装上具有明显的结构特征，是以一条中轴线（或门襟线）为依据，使服装的左右两侧呈现“形量等同”的视觉观感。具有端庄、稳定的外形，视觉上有协调、整齐、庄重、完美的美感，也符合人们通常的视觉习惯。均衡也可以称为相对对称，但它不是表象的对称，它更多体现在视觉心理的感受方面，是一种富于变化的平衡与和谐。表现在服装上同样是以中轴线（或门襟线）为准，通过服装左右两侧的不同布局达到视觉的平衡，追求的是自由、活泼、变化的效果（图5-2-1）。

图5-2-1 “相对对称”的服装

（二）变化与统一

变化和统一也被称为多样性统一。世界上的一切事物共同组成了一个多姿多彩、不断变化的统一体。在服装设计中，局部造型和形式元素的多样化，可以极大地丰富服装的视觉效果，但这些变化必须达到高度的统一，才能统一成一个主题和一种风格，从而形成既丰富又规律，从整体到局部多样而统一的效果。民族民间服饰中服装、围腰、头饰、包袋、鞋、绑腿的运用通常都有着统一的款式和风格、统一的色彩关系、统一的面料组合，但各部分又呈现出丰富的变化和差异，这种在统一中求变化，在变化中求统一的方式是服装中不可缺少的形式美法则，使服装的各个组成部分形成既有区别又有内在联系的变化统一体。

（三）比例与尺度

比例是服装的整体与部分之间的关系以及部分与部分之间的关系。人们在长期的生产实践和生活活动中一直运用比例关系，并根据人体自身的尺度，根据理想的审美效果，总结出各种尺度标准。早在2000年前的古希腊，数学家毕达哥拉斯就发现了举世公认的黄金比例（1：1.618），曾被许多著名的建筑和雕塑作为美的标准，也为后来的服装设计提供了有益的参考。

和谐的比例能使人产生愉悦的感觉，它是所有事物形成美感的基础，在很多民族民间服饰上都有体现。他们一般是根据和谐适当的比例尺度，将服装诸如上衣、下裳（裤）、袍衫等的长短、宽窄、大小、粗细、厚薄等因素，组成美观适宜的比例关系。如傣族、彝族、朝鲜族妇女的衣裙的比例关系很明显：上衣一般都比较窄小，裙子则较长，这种比例尺度，使她们的身材显得修长和柔美。我们可以借鉴这种方式，将其适当地运用在现代服装设计上，可以获得丰富的款式变化和良好效果。

（四）夸张与变形

夸张与变形手法最初常被用于文学和绘画等艺术领域，其目的为在原有事物的基础上，突出特点，并以此引导受众展开联想。在服装设计领域，夸张和变形的手法不仅能够放大或缩小服装中某一部分的特征，还能够以此来控制一件服装给人的整体视觉的迁移。在民族民间传统服装中，这种手法的运用十分常见。

如苗族有的支系头饰造型十分夸张，贵州西江、丹江地区的苗族头上戴的银角高约80厘米，远远望去仿佛顶着银色的大牛角，有着摄人心魄的魅力。又如纳西族妇女身上的“七星披肩”、藏族喇嘛帽、广西瑶族夸张的大盘头、贵州重安江倬家女子的“戎装”服饰，贵州施洞地区苗族女子的银花衣、云南新平地区花腰傣族的超短上衣和造型夸张奇特的裙子等，这些少数民族非常善于采用夸张与变形的手段来塑造服饰的形象，突出其民族民间特点，也由此形成丰富多样的造型。

（五）重复与节奏

这里的重复和节奏是指服装中相同视觉元素（相似或相似形状）的连续、重复排列，其特征主要表现为图像的连续性和统一性。民族民间服装中也有许多重复和节奏的表现形式，这是民族民间服装变化生动的具体表现之一，如在服装上反复布置连续的图案装饰，形成强烈的节奏感。服装上饰品形状的反复表达也是产生节奏感的重要手段。通过运用这一方法，可以使单一的形态产生规律而有序的变化，进而带来规律和谐的视觉美感。

二、色彩图案的借鉴

民族民间服饰色彩图案作为一种设计元素，绚烂而多彩，可以说是一个有着极其丰富资源的宝库，也是被设计师们借鉴得最多的因素。总体来说，民族民间服饰中的色彩大多古朴鲜艳、浓烈、用色大胆、搭配巧妙；图案更是形式多样，异彩纷呈。对民族民间服饰色彩图案的借鉴，主要有两种方法。

（一）直接运用法

这是在理解民族民间服饰色彩图案基础上的一种借鉴方法。即直接运用原始素材，将色彩图案的完整构成形式或局部形式直接用于现代服装设计中。这种借鉴方法方便实用，但要注意把握三个方面。首先，在使用这种方法前，要仔细分析原民族民间服饰图案色彩的文化内涵和象征意义，努力实现与现代时尚感的和谐统一。其次，图案的直接使用要考虑服装的部位，因为有些民族民间图案适合边缘装饰，有些适合居中设置、有些适合零散分布。总之，一定要在现代服装中为这些传统图案找到最合适的位置。最后，在直接使用民族民间图案时，需要根据服装的整体颜色来调整图案自身的用色。有些图案很适合现代服装的设计风格，但是图案原色太浓太烈，或者太沉稳、太昏暗，这样的色彩效果都无法获得现代人的认可。这时，我们需要保留图案的形式并改变其颜色搭配关系。这三方面特别是对于初学者来说是必不可少的，它有利于深化对图案的认识和理解。

（二）间接运用法

间接运用是在吸取文化内涵的基础上，抓取其“神”，是一种对民族民间文化神韵的引申运用。也就是在原始的色彩图案符号中去寻找适合现代时尚美的新的形式和艺术语言。以借鉴图案符号为主，对民族民间图案所形成的独特语言加以运用，可以做局部简化或夸张处理，也可以打散、分解再重构，产生与原始素材有区别又有联系的作品。如以色彩借鉴为主，借鉴民族民间图案所具有的强烈的个性色彩用于现代设计中，设计中的其他方面，如构成、纹样、表现形式又以创作为主，产生既有现代感又有民族民间味道的设计作品。

三、工艺技法的借鉴

民族民间服装制作技术也可以被看作是现代服装设计的重要因素之一。民族民间服饰技术的借鉴可以分为以下两个方面：一方面是面料制造技术的借鉴；另一方面是服装装饰技术的借鉴。

（一）面料制作工艺技法的借鉴

民族民间服装的面料基本上都是当地民间人们手工制作的，其制作工艺与选材都适应当地的生产和生活方式。因此，面料的选择往往与一个民族的周边环境相协调，与生产劳动技术相适应，且具有民族特有的乡土气息和朴素和谐的外观形态。

通常一匹传统民族手工布料的完成要经过播种、耕耘、拣棉、夹籽、轧花、弹花、纺纱、织布、染布、整理等过程，这种传统工艺在我们今天看来，制作工序复杂、生产效率低，但由于原料和染色工艺都具有无可比拟的优点而受到人们的重视。因为民间几乎所有的染色原料都来自不同种类的植物和动物材料，当地民族遵循着几千年来基本相同的方法，用各种植物和树木的根、茎、树皮、叶子、浆果和花来上色，所以它们的原料是可以再生的，不会对人体有害，有时候还利于人体健康。

对于传统面料工艺技法的借鉴有两种方法：一种是完全按照传统工艺技法进行制作；另一种方法是在传统工艺技法的基础上进行改进。尽管民族传统面料具有保暖、干爽、透气、抗菌、无污染等健康环保的优点，但也有着一些与现代生活不协调的缺点，因为民族服饰的面料工艺制作毕竟是一项家庭作坊式的手工劳动，天然染料会因为季节、产地、染色等诸多因素的限制和影响而染出色彩差异的织品，使面料呈现出不均匀的外观，会因此降低生产效率和生产质量。所以，为适应现代服装设计的需求，必须在此基础上考虑改良，使新面料既保持原有的天然外观和物理优势，又提高面料质量和生产效率。

（二）服饰装饰工艺技法的借鉴

民族民间服饰的装饰工艺多种多样，有缝、绗、绣、抽、钩、剪、贴、缠、拼、扎、包、串、钉、裹、黏合、编等几十种技法。这些装饰工艺都是纯手工完成，在各民族的民间服饰上运用非常广泛，有的是在实用的基础上进行装饰，有的纯粹是为了装饰，体现出一种独特的民族民间审美情趣。

不管这些装饰工艺技法如何丰富，不同的民族在掌握同一技法上都有粗犷与精细、繁复与简洁之分，在掌握不同技法上也各有所长。有的民族是多种技法综合运用。不同的装饰工艺技法可以表现出不同的装饰效果，就是同样的装饰工艺技法也可以表现出不同的装饰效果。如同样是“平绣”装饰工艺，黔东南施洞苗族人就运用极细的并破成几缕的丝线来表现，四川汶川的羌族人就运用较粗的腈纶线来表现，所以前者风格细腻精致，后者风格粗犷大气。再如同样是用“缠”的装饰技法，在具体运用时，缠的方向、方式方法的不同会形成不同的装饰效果。还有同样的“缝”“绗”，针距的长短，线迹的方向、多少也会呈现不同的装饰效果……我们学习借鉴这些工艺技法，就要在熟练掌握各装饰工艺的技法特点和表现手段的基础上，突破具体的工艺表象，抽离出其本质精神，运用现代、时尚的语言表达出来。

我国民族服饰中，制作百褶裙的皱褶处理工艺也非常值得一提，西南地区的少数民族多穿百褶裙，传统的百褶裙是用手缝针一针一线抽褶完成，通过缝制线迹进行抽褶，完成后要将抽好褶的裙子捆绑起来，裙腰和裙摆处用腰带扎紧，穿的时候再打开，就形成了挺直、自然而又富有弹性的百褶裙。了解和熟悉这类工艺对现代设计有很大帮助。

民族传统的配饰装饰工艺很盛行，工艺技术也非常精湛，从古至今保持了鲜明的民族艺术风格和特色。很多民族在配饰的装饰上投入了家里全部财力，有的民族甚至把配饰看得比衣服还重要。哈尼族、苗族、藏族、蒙古族、裕固族等民族女子头上、身上的饰品远远超过了一套服装的价值。这些配饰材料大多为天然的玛瑙、绿松石、红珊瑚、银等，通过民间匠人一系列手工加工制作而成。

工艺除了上述几种外还有很多，这些传统工艺手段运用到现代服装设计中时，工艺手段装饰的部分与没有装饰的部分形成繁简的对比，这些装饰的部位变成了视觉中心，提高了服装的观赏性，可以从这些工艺中选取适合现代审美或机器化大生产的种类，进行工艺改革。在时尚界，民族民间服饰工艺在现代服装上的运用也从未间断过，设计师们必须对民族工艺有充分的了解，并与现代服装的实用性和审美观相结合，使设计更具现代文化感。

第三节　含蓄优雅的中国民族民间现代服装设计

中国曾一度以“衣冠王国”享誉世界。中华民族的服饰很早就被世界各国人民所喜爱，对东西方文化的交流产生了深远的影响。“胡服骑射”、日本人民的“和服”都是很好的例证。但中国的现代化服装艺术却非常年轻，随着20世纪80年代改革开放后，一些国际著名服装设计师踏上中国这片土地，使中西方服饰文化得以全面交流和促进。许多西方服装设计师以中国民族文化元素为灵感进行设计。如已故的服装设计师伊夫·圣·洛朗所说：“中国一直吸引着我，中国文化、艺术、服装、传奇故事都令我向往。”同样中国文化博大精深，中国的服装元素也深深吸引着本土许许多多设计师。

马可用最质朴的棉布表达生命的纯粹（图5–3–1），梁子对几乎绝迹的莨绸制作古法进行发掘与保护；王陈彩霞将她对中国古典美学的理解用丝绸舒展（图5–3–2）；乔琬珊与苏芷君带着她们的爱与善走进西藏开发牦牛绒

图5–3–1　马可作品

图5–3–2　王陈彩霞作品

织品。这些本土的著名设计师品牌从不同侧面诠释，多角度考虑如何将中国传统民族服饰中的写意风格及西方写实风格完美的结合。

梁子出生在江南水乡，据说很小的时候就表现出了对时装设计的天赋以及热爱。中学毕业以后就去参加了有关的服装制板工艺方面的学习班。她崇尚天然，不张扬，其时装设计作品主要采用丝、麻、棉等天然面料，尤其对莨绸喜爱倍加。作品风格含蓄优雅、精致灵秀，同时具有很强的艺术与商业价值。在《天意·梁子》2009年秋冬时装发布会上再次展现了这种感觉，如图5-3-3所示。

图5-3-3 梁子作品

此系列面料依旧以莨绸为主，辅以棉、麻、丝等天然纤维，设计元素运用了清明上河图、青花瓷、茶马古道、野花、秋叶等中国传统文化元素。

国内服装设计大师张肇达，如今在中国时尚界可谓影响力颇深。在他的作品中，我们能够找到大量有关中国民族民间传统服装的元素。他自己也曾表示，“展现自己民族的东西，让中国服饰的魅力与韵味展现在世界面前”。事实上，他也将这一思想贯穿在其作品中。仔细欣赏他的许多作品，我们不难发现其中蕴含着深厚的中华民族文化。他通过先进的剪裁技术方式，形成服装中的点、线、面，以此来展现传统文化中所包含的实质和情愫（图5-3-4）。

图5-3-4　M13系列张肇达新中式2018年系列成衣

郭培是著名的国内服装设计师，也是国外媒体眼中优秀的中国设计师之一。她曾担任北京市童装三厂的服装设计师，通过多年的经验积累，如今已成功打开了中国高级定制的大门。郭培常将中国民族民间传统服饰元素融入她的作品中，并巧妙地将传统服饰元素同国外时尚元素相结合，从而创作出精美绝伦的现代作品。在她设计的作品中，款式上常采用西方的服装款式再加入中国传统元素，造型的手法千变万化，即使采用同一种元素，也使服装呈现出不同的造型特色。她的作品贵在精挑细酌，每一个细节都经过了精心设计，运用不同的针法结合不同的面料做出风格各异的面料肌理，使作品散发出勃勃生机。另外，服装秀场上每一件服装配件也都经过了她精心地打造，鞋子、头饰、配饰等同样制作精美，与华丽的礼服融合为一体（图5-3-5）。

图5-3-5　2019年春夏巴黎时装周郭培作品

第六章　世界民族民间文化在现代服装设计中的应用

世界上任何一个民族都有其传统的民族风格，而这种风格往往都会在其民族服装中有所体现。无论是神秘的东方、浪漫的欧洲、热烈的非洲，还是夏威夷、印第安以及波西米亚等诸多地区，他们本民族的个性都深受当代人们的喜爱，因而当代许多设计师也在不断借鉴这些民族民间元素并取得了极大的成功。

第一节　矛盾的结合体——日本民族民间风格现代服装设计

日本和服是日本的传统民族服装，也是日本传统文化的重要表现方式之一。由于日本人民中，大和民族人数最为众多，所以其传统民族服装被称为和服。就像日本的富士山和樱花一样，和服如今已经成为日本人民的身份象征。和服有其独特的色彩、造型、图案和装饰，尤其是女装和服，可以说与艺术作品具有同样的欣赏价值。在现代服装设计当中，无论是日本本土设计师，还是欧洲设计师，都会或多或少地从和服中汲取创意元素进行创作，也正因此，日本文化在现代服装文化的带领下逐渐被全世界熟知。

一、日本传统服装文化

（一）日本民族服装的定义

与其他民族一样，大和民族也有自己的传统服装。日本的和服其实是日本传统服装的总称，不仅仅包括衣物本身，还包括羽织物品、带子、足袋以及木屐等。和服的历史久远，可追溯至中国唐代。在一千多年前，日本人从中国将唐代服装带回日本后，便在此基础上进行不断地改革，进而逐渐形成现在享誉世界的“和服”。日本人将自己世世代代对于艺术的感觉以及各种传统文化，包括自己对于生活的意识全都投射到了和服上面，可以说和服承载了许许多多日本人的精神，文化和艺术。甚至和服通常被称为日本人的“第二皮肤”，代表着“日本人的心”。

（二）日本民族服装的起源及发展

通过对日本的历史书籍中记载的关于服饰方面的发展来探索分析和服的起源以及发展。可分为以下几个主要时期。

1.奈良时代前期

在奈良时代之前的很长一段时间里，日本人的服装主要是一种“贯头衣”这种服装也叫作“小袖”。该种服装基本上没有审美和文化功能，主要是为满足人们日常生活的基本需要。这主要是由于当时的日本社会生产力极其低下，人们大部分的精力都放在谋求温饱上，根本无暇顾及礼仪文化的发展。因此，朴实无华可被看作是这一时期日本民族民间服装的基本特点。

2.奈良时代

中国唐代发展最繁荣的时期正是日本的奈良时代。这一时期，中日关系十分友好，中日间的使节往来也十分频繁，因此这一阶段可被看作中日文化交流的黄金时期。也正是这一时期，中国唐代服装文化对日本服装产生了巨大影响。可以说，日本和服的初始形态就诞生自奈良时代。根据《衣服令》的记载，身份品级不同，各种服装的种类各不相同，衣服的组合方式也不相同，虽然出现了和服的原型，可是衣服还是非常朴素，只是简单的粗布麻衣。

3.平安时代

平安时代是日本服装最华丽的时期。在这个时代，日本和服有了很大的改进，并逐渐形成特定的色彩搭配与纹样风格。无论是服装整体设计还是制作工艺，都趋于精致细腻。这一时期的日本民族服装大量地借鉴了唐朝服装宽大的袖子，女性则需要穿十二单衣，并需要佩戴折扇和贴纸。十二单衣其实是一种穿着方式，而非真的穿着十二层单衣。这种穿着方法是在一件单衣上叠十二层的被称之为袿的服装，袿的质地轻薄且十分透亮，因此透过袿还能够隐约看到单衣的色泽甚至是纹样，凸显出女性的柔和朦胧之美，也是当时社会上层阶级女性的正式服装。在这一时期，日本女性也越来越注重发饰和其他各种配饰的搭配。她们往往喜欢将头发梳成垂发并佩戴发饰。穿上长袴，然后穿上几层袿，再穿上唐衣、唐裳。不同的季节，还会选择不同的色彩进行搭配，以映衬季节景象。虽然这一时期日本民族服装得到了空前的发展，但主要都集中在社会上流阶层，因而日本民间的日常服装主要还是以普通的麻料小袖为主。

4.镰仓时期

日本的武士道文化就是在这一时期逐渐形成的，因此在武士道精神的影响下，日本人对服装的审美观念也发生了改变。从前的日本受中国文化影响，喜欢宽大的服装，到了这一时期，人们的服装也逐渐变得简朴窄小，更便于活动，且纹样和颜色也进行了相应的改变。

5.安士桃山时代

这一时期是日本社会生产力快速提高，经济飞速发展的重要时期。随着日本生活水平的不断提高，人们逐渐有空闲时间开始注重服装与礼仪文化的发展，因此普通日本平民的日常服装也由以前的“小袖”转变为一种没有腰带的、较为华丽的服装。这种服装即为现代和服的前身。

6.江户时代

江户时代是日本服装时尚最繁荣最昌盛的时期，男女服装都有一些小的变动，但是和服已经定型了，而现在我们所看到的和服大多都是延续了江户时代的服装样式。

二、日本民族传统审美观念下的民族服装

（一）崇尚自然与祈福纳吉的纹样

和服上面的纹样大多都是以自然的景观和吉祥符号组成的图样，通过和服上面的纹样来表达其民族的情感和思想。纹样的形式主要包括植物、自然物以及一些器具。

1.植物手绘纹样

在和服的手绘纹样中，植物手绘是十分常见的一种类别。日本人民对

梅花、松柏、枫叶、菖蒲等代表四季自然景象的植物十分钟爱，因而多将其作为不同季节服装上的纹样。此外，桔梗和樱花则是最为流行的两种服装纹样。通过对这些植物的细致描绘，我们能够感受到日本人民对不同季节的情感表达。

2. 自然物象手绘纹样

自然的物象包括大自然中的各种自然景观和现象，比如说朝阳、晚霞、夕阳、太阳、月亮还有帆船、晚钟等这些出现在诗句当中的具有特殊意义的自然物象，运用在和服当中甚至可以诉说出一个又一个的故事。

3. “吉祥纹样”手绘纹样

与中国民间吉祥图案类似，日本民间的吉祥图案也是以日本民间文化为创作背景，其取材包括生活中常见的各种器物、动植物等，其中，被赋予吉祥寓意的器物包括万宝路、八音、钟纹、布袋纹和钱袋纹等，而具有吉祥寓意的动植物则包括牡丹、雏菊、枇杷、葫芦、松鹤、凤凰、鲤鱼等。通过将这些事物的形象进行加工再创造，表达了日本人民祈求风调雨顺、国泰民安、家庭和睦、长命百岁的美好愿望。

（二）岛国风光与“禅”文化影响下的服装色彩搭配

日本是一个岛国，那里有秀丽的风景，美丽的樱花以及作为象征的富士山。所以日本人的审美深受日本自然环境的影响，他们的生活中充满了缤纷的色彩，因此他们最起初的审美意识便是来自这些自然景观，对于这些自然美的感受也体现到和服当中。所以在色彩方面日本民族更崇尚自然的颜色，越是简素的颜色日本人越是喜欢，所以他们十分喜欢白色。此外，日本人民对青灰色一直以来都情有独钟。青灰色取自大自然，是山河湖海的象征。在“禅”文化的思想影响下，这种朴素淡雅的色彩也逐渐成为日本民族用色的特点之一，常被用于制作服装。日本民族的服装多取色于自然界，比如樱花色、木兰色、青松色等。他们从自然界中找寻色彩搭配的灵感，并将其运用到日常着装当中，在素色中适当点缀艳色，既显得朴素大方，又能够凸显出强烈的艺术效果。

（三）和服造型所体现的日本人的审美观

在女士的和服造型中主要体现了日本男人对于日本女人的审美观。在日本，女人的地位是很低微的，甚至这种性别歧视延续至今。比如脚上的木屐，一旦穿上木屐，走路很不方便，步伐也被限制得很小，但是符合日本男性的审美观，所以即便存在很多缺点，却一直保存至今。而且日本男人对于女人的颈部和肩部有特殊的喜好，所以和服的造型也很好地体现出这一点。女士和服的颈部和肩部处采用了凹陷的设计，目的就是为了最大程度体现出了女性脖颈的修长和细嫩。而宽大的腰带，窄幅的裙摆都将女性身材的优点最大程度地体现出来，深化了日本女性的娇小形象。

三、融入民族民间文化的日本现代服装设计

现代与传统、东方与西方的融合理念，不仅仅是大和人对待服装的一种穿衣态度，同时也是日本服装设计界常常被提及的。比如日本著名的服装设计大师，三宅一生、高田贤三、川久保玲（Rei Kawakubo）、山本耀司（Yohji Yamamoto）、森英惠等，都是在传统与现代混合文化中抚育出来的，他们设计的服装令世界设计师和评论界为之震惊。可以说，三宅一生是最早将日本风格带到欧洲的人，其灵感来源于日本。通过对其作品进行分析，我们能够发现，在服装造型方面，三宅一生运用了东方特有的宽衣博带形式，并追求一种舒适、自然之美。他不再严守西方高级时装的表现方式，运用东方平面裁剪与制衣技术，尽可能完整地保留了东方民族民间的服装风格。因而其作品构思精巧，表现出一种自然而漫不经心之感。此外，三宅一生的设计总是能够为穿衣者留下足够的个性展示空间，不同的人穿上他设计的衣服，都是视觉艺术的再创作，这无疑使其作品更添魅力，如图6-1-1~图6-1-3所示。

图6-1-1　三宅一生作品1

图6-1-2　三宅一生作品2

图6-1-3　三宅一生作品3

另外，一般民众对三宅一生品牌最直观的印象是“三宅褶”（“三宅一生褶”），如图6-1-4和图6-1-5所示。其设计源于日本的传统手工艺折纸艺术。此外，在该作品中，三宅一生还竭力展现出一种人道主义思想。即认为现代服装需要更多的便捷性与实用性，且不必花费太多时间进行保养。

森英惠设计的服装，往往能够将人引入更为真实的民族意境中去，其作品（图6-1-6、图6-1-7）中包含大量的日本传统友禅纹样元素，并通过现代化的表达手法表现出来。

图6-1-4　三宅一生作品4

图6-1-5　三宅一生作品5

图6-1-6　森英惠作品1

图6-1-7　森英惠作品2

另一位著名设计师山本耀司在其服装设计中多采用平面裁剪，使服装的外观形成一种非对称式的效果，如图6–1–8~图6–1–10所示。

总之，日本设计师们对本民族传统重新审视并从民族文化中汲取灵感，他们有一个共同特点，都是采用逆向思维和“求异”的设计思路。无论是川久保玲对传统审美的颠覆，还是森英惠对日本传统图案的现代应用，在求变设计中都是非常成功的案例。以至于在国际时装舞台上占有一片天地，如图6–1–11所示。

图6–1–8　山本耀司作品1

图6–1–9　山本耀司作品2

图6–1–10　山本耀司作品3

图6–1–11　森英惠作品3

第二节 时尚浪漫——巴黎民族民间风格现代服装设计

一、巴黎民族民间服装文化

法国一直都走在全世界时尚的前沿，正如巴黎在世界人民眼中一直都是时尚之都。法国高级时装工会主席迪迪耶·穆兰巴赫先生曾说，或许不能说“没有巴黎就没有时尚”，但至少可以说“没有巴黎，时尚就不会像现在这样”。毫无疑问，是法国人对时尚的崇尚，引领这个民族不断在时尚的道路上创造辉煌，而法国的时尚观念又带领着全世界人民踏上追求时尚的道路。除了服装方面，他们在香水、化妆品、家居用品、运动、旅游以及生活方式等众多方面，都贯彻了时尚的精神。也正是这样的民族文化，才造就了让·保罗·高提耶（Jean-Paul Gaultier）、伊夫·圣·洛朗等世界级的时装设计大师。也正是由于这样的民族精神，才使得巴黎成为一座包容且具有吸引力的城市，来自世界各国的设计大师，纷纷来到巴黎定居。例如，高田贤三、约翰·加里亚诺等。然而巴黎服装的魅力并非只有在时装表演中才能体会到，地道的巴黎人往往能够在日常生活中展示出其穿衣的功力。他们懂得如何通过服装扬长避短，擅长运用各种配饰为看似平凡的服装增添光彩，并擅长通过着装展示自己独特的个性与风格，似乎每一位巴黎人都是服装设计师。

法国传统服装也具有鲜明的民族特征，法国民族服装总是带有一种高贵优雅的气息，即便是民间传统服装也是如此。虽然法国民族服装完整地保留了法国宫廷的华贵气质，但整体风格却抛弃了繁复与华丽，以简洁大方的外观彰显着贵族的优雅与高贵。也可以说，法国民族民间的服装是现代生活的朴素和慷慨与法兰西民族辉煌历史的完美结合。一直以来，法国都是一个尊重民族传统的国家，无论是法国的建筑、法国的城镇特色，甚至法国的语言和文学，都无一不彰显着法国悠久文化历史的独特魅力。而服装作为人们日常必不可少的物品，更是被赋予传统文化的印记。法国人虽然不比德国人的严谨，但却具有独一无二的艺术感。虽然法国诞生了古典主义、浪漫主义和现实主义的三位巨匠莫里裹、雨果和巴尔扎克，但是法国人骨子里具有的浪漫主义色彩，即便是巴尔扎克这个现实主义的代表人物，其本人的生活经历也是充满了浪漫的冲动，而非现实的理性。在这种文化背景下，法国的服装文化同样也极具感染力。

20世纪20~30年代以来，法国服装已经成为现代服装的发源地和中心，这一时期也标志着法国服装开始了平民化和现代化的转型。法国民族服装在这一时期，不断推陈出新，逐渐搭建起本民族三位一体的服饰文化体系。而“三位一体”具体指的是服装设计师、服装设计发布和服装媒体的三位一体化发展。其中，服装设计师成为整个法国服装体系中的核心，服装设计发布则是法国服装文化的向外延伸，服装媒体是法国服装文化重要的传播者。

法国的服装可以分为高级时装和普通时装两大类。最初的高级时装公司数量屈指可数，且都集中在巴黎闹市区的几条大街上，其中就有目前我们熟知的“圣罗兰”“皮尔·卡丹”“香奈儿”“迪奥”等品牌。而普通的时装设计师和生产商则有许多，也正是由于大量的服装行业从业者汇聚巴黎，才使巴黎成为名副其实的世界时尚之都。

高级时装在创造时尚方面起到了主导作用，而普通时装则在时尚产业化和大众化方面发挥了作用。法国的服装革新很快，一种时尚很快就十分流行，而一旦时尚不再流行，那么它的价格就会大幅下降。在法国的特价服装超市里，刚刚过季的服装都打两折甚至一折。

法国把新与变作为服装发展的主旋律。法国的时装设计师为整个欧洲甚至是全世界创造了新概念和新服装。事实上，法国时装设计师的理念并不局限于少数特定的个人，而是一套完整的培训、保护、选拔和包装的运作体系。正是这种运作体系，确保了法国能够诞生世界级的设计师，并通过他们将法国民族服装文化推广到全世界。

二、融入民族民间文化的巴黎现代服装设计

如今，随着东方民族元素被大量挖掘出来，西方的设计师越来越接受并认同这些来自遥远东方的风格，并将这些元素融入西方服装设计当中。例如，法国著名的日籍设计师高田贤三，他的成衣有许多都借鉴了东方民族的风格，并且其中有很多都是直接以东方民族文化为主题的。虽然凯卓是一个名副其实的法国品牌，但其作品从未放弃过异国风情，无论是来自非洲的艳丽、美洲的各式植物造型、中国的传统造型、印度的纱丽，还是东欧背心、北非沙漠地区流行的毛毯等，都成为高田贤三创意的源泉。其对西方各种要素的整体、局部、图案、色彩恰到好处地应用，可以说是浑然一体。

而在服装结构运用上，高田贤兰先生也充分利用了东方民族服装的平

面和直线裁剪，形成一种自由、舒适、宽松及具有东方民族服饰内涵的服装。总之，高田贤三先生设计作品以自己本土文化为根本，加入东方的含蓄和自然，融入其感兴趣的文化元素，造就了具有独特东方韵味风格的巴黎时尚，如图6-2-1~图6-2-4所示。

图6-2-1 高田贤三作品1

图6-2-2 高田贤三作品2

图6-2-3 高田贤三作品3

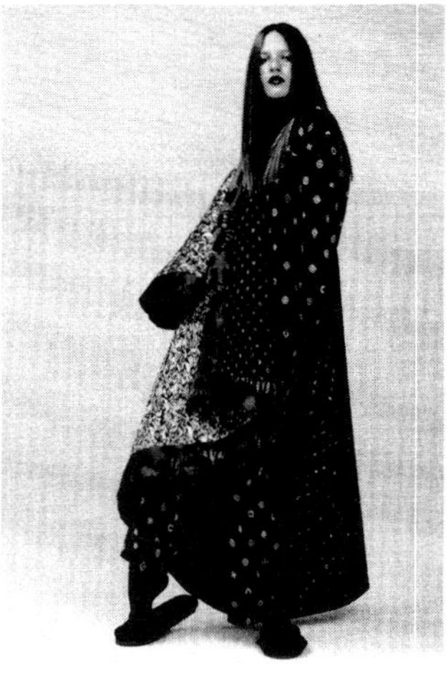

图6-2-4 高田贤三作品4

另一位天性自由浪漫、无拘无束的设计师约翰·加里亚诺是迪奥品牌的首席设计师，他善于从服装史料，东方民族元素中汲取精华，然后应用到作品当中，开始一场场游历世界民俗风情的展示。如中国传统的旗袍和扇子、中国苗族的百褶裙和银饰、日本艺伎的和服和日本的折纸艺术等，如图6-2-5~图6-2-9所示。

图6-2-5　约翰·加里亚诺迪奥作品1

图6-2-6　约翰·加里亚诺迪奥作品2

图6-2-7　约翰·加里亚诺迪奥作品3

图6-2-8 约翰·加里亚诺迪奥作品4

图6-2-9 约翰·加里亚诺迪奥作品5

总的来说，近年来世界民族风格服装的发展都呈现出多元化与国际化的趋势，因而一些诸如将亚洲元素的立领、和服等，同欧洲、印第安、拉丁等民族风元素混搭的服装十分常见。有时人们甚至无法说清楚，一件服装到底是欧洲风格还是东方风格。如今，各民族服饰的元素在设计师笔下不断相互借鉴、不断重组，使得新时代的“民族风”似乎成了一个具有崭新含义的词，这是一种可以自由组合不同民族民间元素的风格。而正是这种设计思路，为新时代民族风格服装的设计带来了新的生命力，如图6-2-10所示。

图6-2-10 约翰·加里亚诺迪奥作品6

第三节　艺术气息浓郁——意大利民族民间风格服装设计

意大利是一个文化底蕴深厚，历史悠久的欧洲国家，米兰、罗马、佛罗伦萨、威尼斯等城市都可谓历史文化名城。行走在这些城市的道路上，随处可见的是各种艺术雕塑。正如巴黎人将时尚贯穿整个生活一样，意大利人则生活在艺术的环境当中。这种艺术气息也对意大利人的服装产生了深刻影响。意大利的服装设计师们也多表现出一种对艺术极致追求的精神。意大利人一直以来都十分看重本民族的文化传统，因而其设计往往是欧洲传统文化精神的直接反映。与之相比，巴黎更像是一个世界各民族文化的汇聚地，所以巴黎的服装设计是一种面向世界的设计。而意大利则完全不同，它保留着欧洲民族的传统，我们只有认真欣赏意大利的服装，才能感受到“原汁原味”的欧洲服装文化魅力。

一、意大利服饰文化的形成和发展

（一）意大利服饰文化的起源

意大利历史悠久，可以说是西方文明的发源地。在意大利共和国尚未诞生之前，那个地方曾是欧洲文明中心古罗马，而古罗马文明又是与中华文明齐名的人类文明的重要基石。从古罗马帝国、中世纪时期、文艺复兴、意大利王国，到后来的意大利共和国，虽然时代在不断变化，但其传统文化的根基从未动摇。意大利的历史文明给意大利人民丰富的想象力和创造力，丰富多彩的服装文化就是从古老的时代开始慢慢形成的。而起着举足轻重作用的就是意大利的文艺复兴。

意大利服装文化的起源可以追溯到文艺复兴阶段，文艺复兴时期大约为14世纪末期~16世纪之间，是一个艺术家辈出的时代，这一阶段对整个意大利乃至欧洲的文化发展而言都有着十分重要的影响。也正是在这一时期，意大利文化出现了前所未有的繁荣。在那个时代，意大利的服装设计仅服务于少数上流社会人群，因此那时的意大利民族服装多呈现造型夸张、装饰华丽的特点。

（二）文艺复兴时期的意大利风时代

在文艺复兴时期，哥特式服装在西欧国家十分流行，佛罗伦萨的艺术家们就在实力雄厚的美迪奇家族（Medici）的支持和庇护下，着手研究罗马艺术，并不断深挖人性本质，所以此时佛罗伦萨流行的服装也多呈现出开放、明朗、优雅的风格特色，这一点与其他西欧国家的流行服装是完全不同的。15世纪中叶的服装款式还多保留细长的造型风格，而踏入16世纪后，无论男装还是女装，都逐渐向宽大的方向发展。这一时期男装以磅礴大气为美，而女装则以圆润、富有曲线感为美。此外，意大利民族服装的特色还体现在其面料上。文艺复兴时期，意大利的威尼斯、佛罗伦萨、米兰、热那亚、卢卡等城市都盛行华贵精美的服装面料，而这种面料的选用也逐渐成为其民族服装的文化特色之一。后来，设计师们试图利用将服装面料制成规则的普利兹褶饰，使衣服上的各个部位都可窥见白色亚麻内衣。这种设计一方面是由于精美的亚麻织物本身的魅力和配色审美上的需要；另一方面，用厚底的织锦缎等做合体的衣服时，为了便于人的活动，便把肩部肘部位都留出适当的缝隙，然后用绳子或细带儿连接起来。后来这种样式的服装逐渐演化为一种装饰的风格，德国曾流行的裂口装饰，其形态上与之十分相近。

二、特色鲜明的意大利民间传统服饰

意大利民间传统服装保留了许多古老的元素，且材料多使用亚麻、天鹅绒和丝绸等。即使是贫穷的农民妇女也常常穿着丝绸上衣、内衣，并在服装上装饰蕾丝和刺绣，就连亚麻布做的围裙也会用彩色的窄条装饰进行点缀。意大利南部的传统服饰，妇女常年披着头巾，即便戴帽子时，也要把头巾罩在帽外。无檐女帽是由上浆的白色花边、金线花边织成的，帽顶和帽檐上还饰以花束和缎带。盛装是宽松的黑色衬衣加上饰以红色缎带的白色围裙，衬衣外再穿上长袖的黑色或蓝色天鹅绒外套。上层妇女们戴着金、银、珊瑚或珍珠制成的佩饰品（主要为耳环、项链、手镯），农妇们则大多是戴着嵌有珐琅釉的金属件或是玻璃珠。意大利北部传统服饰，男子的长裤是黑色的，渔民们的长筒袜也是黑色的。

西西里岛上常年居住的意大利男性多穿白色服装，这也是其民族服装的特色之一。他们常穿衣领竖立的白衬衫，衬衫上多以刺绣进行点缀，有时会在衬衫外罩一件红色的背心和外套，外套上也多饰有刺绣花纹和穗带，再搭配带有红色绒球装饰的白色皮鞋。这种红白搭配的服装在意大利民间十分受欢迎。那不勒斯塔兰泰拉地区的人们最擅长舞蹈，塔兰泰拉舞蹈可谓当地的文化象征。这里能歌善舞的姑娘们喜穿低领的蓝色丝绸衬衣，外搭黑色的天鹅绒紧身围腰，并在胸前系上一个大的丝绸蝴蝶结。白色的锦缎长筒袜在阳光下闪闪发亮，再配上柔软的皮鞋，这样的穿着方式既适合日常生活，又适合参加亲密朋友的聚会。

三、融入民族民间文化的意大利服装设计

*VOGUE*杂志对阿玛尼和范思哲（Gianni Versace）这两位意大利著名的时装大师有一个共同评价："知识渊博，通晓民情风俗。他们在设计时装时不拘一格，随意发挥，特别注重从身材的立体角度去设计，如同给一座建筑物进行包装那样。"因此他们所设计的服装能显示出立体美。而这一立体的美感，在很大程度上便是取自意大利民族的雕塑与建筑之特色，如图6-3-1和图6-3-2所示。

图6-3-1　范思哲作品1

图6-3-2　范思哲作品2

意大利人认为设计是一种文化，一种哲学，而不仅仅是理论和实践。因此，设计师的设计实践长期以来一直坚持大众化与贵族化两条路并行的原则。意大利风情散发出的强大魅力和它本身那新奇的款式，一直以来都引领着世界时尚的潮流。总体而言，意大利服饰有以下几种风格：奢华绚丽、热情摩登、精致优雅、低调华贵、个性自由。

（一）奢华绚丽风格

意大利时尚具有奢华绚丽的一面，这是因为意大利人个性中有着热爱炫耀才华的特征，而演绎才华的最佳方式正是以奢华绚丽的服装来迷倒众生。意大利式的奢华绚丽的表现方式有两种，一种是采用最昂贵最奢华的面料来展现时尚，代表品牌是芬迪（Fendi）（图6-3-3），该品牌于1925年创立于罗马，最初专门生产高级毛皮制品。这个品牌多年来仍一直坚持着杜绝使用稀有动物毛皮，在强调人与自然和谐相处的前提下，用最奢华的毛皮来展现最奢华的本土民族民间文化。

图6-3-3　芬迪设计作品

（二）热情摩登风格

热情一直是意大利时尚风格的焦点。意大利人率直奔放的个性造就了其在服装文化上追求热烈与激情的风格特色。正如意大利明星莫妮卡·贝鲁奇一样，性感美丽，同时充满热情。

这种风格的代表品牌就是古驰（图6-3-4）。古驰曾一度成为好莱坞明星和皇室贵族追捧的品牌之一。在汤姆·福特（Tom Ford）接手古驰之后，时尚界便评价其发掘出了强烈的激情火种，以挑逗的姿态使古驰这一老品牌，在新时代闪烁起新的迷人光彩。

图6-3-4　古驰设计作品

（三）精致优雅风格

意大利人传统的生活理念是抓住美好时光、尽情享受轻松惬意的生活，这种人生态度也体现在服装设计上。意大利服装设计师高度赞扬回归到原来的设计，其作品风格简洁大方又不失精致优雅，这就注定了意大利服装不会十分传统，也不过分前卫时尚。也正因此，意大利服装更加具备实穿性。

这种风格的代表品牌就是麦丝玛拉（Max Mara）（图6-3-5）。麦丝玛拉将精致优雅的个性表现得淋漓尽致，这个品牌为女士们设计了实用的日常装扮，而且价格合适，性价比很高。品牌设计讲究线条和剪裁，质料也采用最简洁实用的面料，即使如此，也不能说麦丝玛拉是不时尚的，因为人们也总能从麦丝玛拉中找到许多潮流的印记，不张扬，却很优雅。

图6-3-5　麦丝玛拉设计作品

（四）低调华贵风格

简洁流畅的线条和精致的剪裁设计营造出意大利时尚风格低调奢华的一面。即使是极简主义风格也能让人沉浸与享受，这也是意大利顶级品牌的精髓。

这种风格的代表品牌就是普拉达（图6-3-6）。普拉达可以说是意大利时尚个性的代表，一直秉承着优雅而不循规蹈矩的创意设计原则，该品牌的作品总是低调、简约而不张扬，但却总是能够在众多大牌中脱颖而出。

图6-3-6　普拉达设计作品

第四节　个性、民俗、自由——波西米亚民族民间风格服装设计

波西米亚犹如空气一样缥缈，充满人们生活的方方面面。使人能分明地感受到，却不能清楚地说出来。从文学到时尚，从西方到东方，“波西米亚”这个迷人好听的名字不断被提及和流行。大多数人并不明白其原委，可能也不会太在意，而是出于一种莫名的喜爱。在今天，波西米亚已相当普遍，如同满街人们穿着的牛仔裤。随着时尚界“波西米亚”的日盛，2002年时装界几乎在一夜之间，T台上处处都是蕾丝荷叶边、绣钩花、悬垂的流苏以及人们头上顶着的似蓬松凌乱的长长卷发。从迪奥到高田贤三，从莫斯奇

诺（Moschino）到安娜·苏（Anna Sui）几乎所有的服装品牌都或多或少地染上了波西米亚的气息。

一、波西米亚的含义

波西米亚这一独特的民族，其本身的发展具有相当长的历史。波西米亚曾是中欧的一个内陆国家，也曾作为罗马帝国的一个省而存在，如今的波西米亚则属于捷克共和国。通常，我们所说的波西米亚只是人们脑海中的一个民族概念，并非历史上真实存在过的波西米亚国。正如今天我们提到西方音乐，便会立刻想到音乐之都维也纳一样。所以，我们现在常常提到的波西米亚其实本质上是一种象征，即一种追求自由、和平，特立独行的无畏精神，一种敢于挣脱传统思想约束的思维理念。随着波西米亚精神不断发展，现在波西米亚已成为时尚生活方式的代名词。这种随意的、自然的、无拘无束的状态成为新时代波西米亚族的共同特征，而这种特征又是在社会压力不断高涨的今天，无数都市人渴望得到的一种生活状态。

二、波西米亚人

波西米亚人就是最早来源于印度北部的吉卜赛人。“波西米亚人”的另一个含义，是追求自由、浪漫、不受拘束、热爱艺术，抛弃传统的生活方式而寻求真实自我。这一含义大约在19世纪的法国流行起来，因而自那以后，许多反对主流资产阶级文化的艺术家、作家们，都常常以“波西米亚人”自诩。

三、波西米亚风格服装的起源和发展

没有任何一种事物可以在这个世界上孤立地存在，波西米亚风格服装也是如此，其必然是与波西米亚历史文化、民间风俗息息相关，是人文精神的产物。因此，从波西米亚服装中，我们能够看到这个民族对自由与艺术的崇尚，看到这个民族独特的生活方式。

最初，只有捷克的波西米亚人才会穿波西米亚服装，他们十分钟爱这种稍显拖沓与厚重的服装，其选材多用羊羔皮、呢子等，并且十分重视配饰的点缀作用。到了19世纪，波西米亚风格服饰迅速开始流行。第二次世界大战之后，人们为了表现对残酷战争的反抗和对绝对简朴的排斥，波西米亚风格服饰在女性中流行起来。20世纪60年代，“波西米亚”

（Bohemian）一词是嬉皮士之间流行的俗语，成了他们用来向循规蹈矩、追求物质享受的中产阶级生活挑战的有力武器。他们的服饰风格可谓极致夸张，采用阿富汗式的外衣和土耳其式的长袍，在衣服的下摆加上流苏，披头散发，有的在头上束绑发带和珠串、大领的珠片外套……波西米亚人的行为方式、服装打扮在当时的"反文化"群体中广为流行，这是一种对统正规服装的对抗，和对工业化批量生产成衣的鄙夷。

从20世纪开始，一阵波西米亚之风开始盛行，到如今依然不见衰减。现代生活总是给人一种过于谨慎、规整之感，普通大众的日常服装则可以说是没什么款式的，即便是花费心思搭配的服装，也往往显得毫无新颖，甚至难以察觉。在这种环境下，那些像千层饼一样一件套一件，层叠蕾丝、皮质流苏、蜡染印花、刺绣和珠串、低胯的叠纱大摆长裙，还有繁复装饰的皮靴、挎包等，足以成为城市中一道亮丽的风景线。

四、服装大师们的波西米亚情结

波西米亚人的服装具有十分浓厚的各个民族特色，那些印度的亮片和珠绣、俄罗斯人层层叠叠的波浪多褶裙、摩洛哥的串珠和皮流苏等，都是波西米亚人游走于全世界的历史写照，如图6-4-1、图6-4-2所示。

图6-4-1　西娅·波特作品

图6-4-2　波西米亚人装扮

五、波西米亚式的浪漫与奢华——安娜·苏

安娜·苏是Anna Sui品牌的创始人。她是一位拥有中国和美国血统的设计大师。正是因为独特的家庭文化背景，才使得其对民族风格元素格外感

兴趣。她所有的设计均有明显的特点：怪诞、颓废和妖艳。安娜·苏的设计在叛逆、大胆中洋溢着浓浓的复古、绚丽和奢华的气息。她将花边、刺绣、流苏、烫钻、毛皮等装饰风格都体现在她的设计之中，如图6-4-3和图6-4-4所示。

图6-4-3　安娜·苏作品1

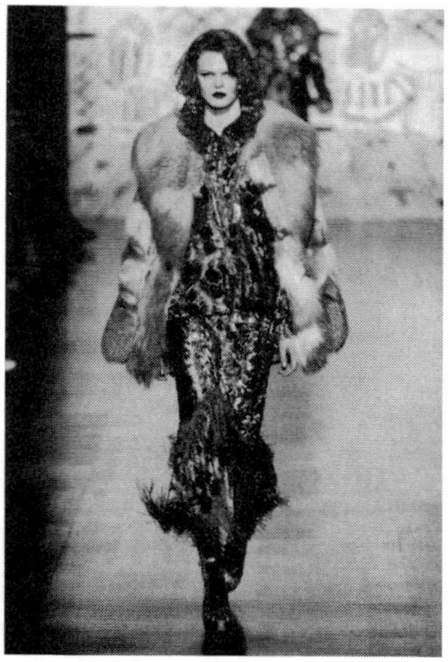

图6-4-4　安娜·苏作品2

约翰·加里亚诺作为著名的服装设计大师，他是一位拥有英国人血统的波西米亚人。因此在他的设计当中，常常能够看到那些街头元素与波西米亚游牧民族式元素，但这并不影响其品牌的高端定位，反而使其品牌在众多大牌中脱颖而出，如图6-4-5至图6-4-9所示。

图6-4-5　约翰·加里亚诺作品1

图6-4-6　约翰·加里亚诺作品2

图6-4-7　约翰·加里亚诺作品3

图6-4-8　约翰·加里亚诺作品4

图6-4-9　约翰·加里亚诺作品5

其实，不仅是服装设计大师和时尚明星们。生活中，可以说人人心底都有一份对波西米亚风情的追求。无论在哪个国家，走在街上随意回头一望，都有可能看到年轻的女性穿着带有流苏、蕾丝花边、民族印花、收口下摆及样式宽松的衣裙。这便是波西米亚风格在生活中的渗透。毫不夸张地说，波西米亚风格服装已然成为主流社会服饰文化中不可或缺的一部分。

参考文献

[1] 陈颖健，日比野省三. 跨世纪的思维方式：打破现状思维的七项原则[M]. 北京：科技文献出版社，1998.

[2] 刘国余. 产品形态创意与表达[M]. 上海：上海人民美术出版社，2004.

[3] 钟敬文. 中国民俗史[M]. 北京：人民出版社，2008.

[4] 万建中. 民间文学引论[M]. 北京：北京大学出版社，2016.

[5] 张馨之. 民间服饰[M]. 南昌：江西美术出版社，2006.

[6] 程志方，李安泰.云南民族服饰[M]. 昆明：云南民族出版社，2000

[7] 戴平. 中国民族发饰[M]. 成都：四川人民出版社，1999.

[8] 戴平. 中国民族服饰文化研究[M]. 上海：上海人民出版社，2000.

[9] 李当岐. 西洋服装史[M]. 北京：高等教育出版社，1995.

[10] 王海霞. 透视：中国民俗文化中的民间艺术[M]. 西安：太白文艺出版社，2006.

[11] 吴裕成. 中国生肖文化[M]. 天津：天津人民出版社，2004.

[12] 柳宗悦. 民艺四十年M]. 石建中，张鲁，译. 桂林：广西师范大学出版社，2011.

[13] 过常宝. 王静波. 生肖文化[M]. 北京：中国经济出版社，2011.

[14] 余强. 西南少数民族服饰文化研究[M]. 重庆：重庆出版社，2006.

[15] 王连海. 民间刺绣图形[M]. 长沙：湖南美术出版社，2001.

[16] 昌胜中. 广西民族风俗艺术[M]. 南宁：广西美术出版社，2001.

[17] 邓启耀. 衣装秘语——中国民族服饰文化象征[M]. 成都：四川人民出版社，2005.

[18] 马蓉. 民族服饰语言的时尚运用[M]. 重庆：重庆大学出版社，2009.

[19] 李昆声，周文林. 云南少数民族服饰M]. 昆明：云南美术出版社，2002.

[20] 周梦. 民族服饰文化研究文集[M]. 北京：中央民族大学出版社，2009.

[21] 果果. 巴黎时尚密语[M]. 北京，中国纺织出版社，2009.

[22] 陆肩宏. 波希米亚——源远流长的前沿时尚M. 上海：上海辞书出版社，2006.

[23] 华梅，要彬，曹寒娟. 服饰与时尚[M]. 北京：中国时代经济出版社，2010.
[24] 黄邦彦. 现代设计方法基础[M]. 北京：中国人民大学出版社，2001.
[25] 刘国余. 产品设计[M]. 上海：上海交通大学出版社，2000.
[26] 何晓佑. 产品设计程序与方法——产品设计[M]. 北京：中国轻工业出版社，2000.
[27] 蔚鸣政. 工作分析的方法与技术[M]. 北京：中国人民大学出版社，2006.
[28] 孙顺华，等. 中外广告史[M]. 济南：山东大学出版社，2005.
[29] 陈放. 创意的革命[M]. 成都：四川人民出版社，1998.
[30] 徐哲一，武一川. 策划管理10堂课[M]. 广州：广东经济出版社，2004.
[31] 崔晓西，周建昌. 策划训练[M]. 武汉：武汉大学出版社，2003.
[32] 罗屹峰，刘燕华. 教育心理学[M]. 兰州：甘肃人民出版社，2006.
[33] 胡月. 轻读低诵穿衣经[M]. 上海：中国纺织大学出版社，2000.
[34] 王晓威. 服装图案风格鉴赏[M]. 北京：中国轻工业出版社，2010.
[35] 陈汗青. 产品设计[M]. 武汉：华中科技大学出版社，2005.
[36] 程能林. 产品造型设计手册[M]. 北京：机械工程出版社，1994.
[37] 周培玉. 商务策划管理教程[M]. 北京：中国经济出版社，2006.
[38] 郑风田. 美国人企业家精神[M]. 北京：中国经济出版社，1900.
[39] 黄友直，肖云龙. 创造工程学M]. 长沙：湖南师范大学出版社，1995.
[40] 胡小平. 现代服装设计创意与表现[M]. 西安：西安交通大学出版社，2002.
[41] 王文博. 创意思维与设计[M]. 北京：中国纺织出版社，1998.
[42] 周培玉，万钧，刘秉君. 策划思维与创意方法[M]. 北京：中国经济出版社，2007.
[43] 陈初友，王国英. TOP 创意学经典教程[M]. 北京：北京出版社，1998.
[44] 张乃仁. 设计辞典[M]. 北京：北京理工大学出版社，2002.
[45] 张维真. 现代思维方法的理论与实践[M]. 天津：天津人民出版社，2002.
[46] 石光明. 实用创造学[M]. 长沙：中南大学出版社，2002.